直通非洲
掘金万亿级市场

[南非] 温弗雷德_著
(Winfred Oppong-Amoako)
高李义_译

HOW TO SUCCEED
IN THE AFRICAN MARKET
A Guide for
Businesspeople and Investors

中国科学技术出版社
·北 京·

How to Succeed in the African Market: A Guide for Businesspeople and Investors by Winfred Oppong-Amoako
Publication © Penguin Random House 2019
Text © Winfred Oppong-Amoako 2019
The simplified Chinese translation rights arranged through Rightol Media and and The Lennon-Ritchie Agency（本书中文简体版权经由锐拓传媒取得 Email:copyright@rightol.com）
The simplified Chinese translation copyright by China Science and Technology Press Co., Ltd.

北京市版权局著作权合同登记　图字：01-2022-5437。

图书在版编目（CIP）数据

直通非洲：掘金万亿级市场 /（南非）温弗雷德著；高李义译 . -- 北京：中国科学技术出版社，2023.1
书名原文：How to Succeed in the African Market: A Guide for Businesspeople and Investors
ISBN 978-7-5046-9843-8

Ⅰ. ①直… Ⅱ. ①温… ②高… Ⅲ. ①投资环境—研究—非洲 Ⅳ. ① F14

中国版本图书馆 CIP 数据核字（2022）第 202467 号

策划编辑	刘　畅　屈昕雨	责任编辑	申永刚
封面设计	仙境设计	版式设计	蚂蚁设计
责任校对	焦　宁	责任印制	李晓霖

出　　版	中国科学技术出版社
发　　行	中国科学技术出版社有限公司发行部
地　　址	北京市海淀区中关村南大街 16 号
邮　　编	100081
发行电话	010-62173865
传　　真	010-62173081
网　　址	http://www.cspbooks.com.cn

开　　本	880mm × 1230mm　1/32
字　　数	139 千字
印　　张	9.5
版　　次	2023 年 1 月第 1 版
印　　次	2023 年 1 月第 1 次印刷
印　　刷	北京盛通印刷股份有限公司
书　　号	ISBN 978-7-5046-9843-8/F・14
定　　价	69.00 元

（凡购买本社图书，如有缺页、倒页、脱页者，本社发行部负责调换）

序言

　　几个世纪以来，非洲一直被视为一个饱受战争、饥荒和疾病袭扰的地方，但所幸，这样的看法正在改变。非洲大陆是一些世界上增长最快的经济体的所在地，这使其成为具有吸引力的投资目的地。沃尔玛、沃达丰、大众和宏碁等勇于在非洲投资的公司在非洲获得了比在其他地方的类似投资更多的利润。当先行者正在享受投资红利的时候，落后者却错失了机会。在非洲投资面临的主要障碍一直都是找到相关信息：你从哪里开始？你从哪里找到关于投资环境的准确信息以及你凭何做出改变业务的决定？

　　许多潜在投资者态度暧昧，因为他们得到的信息表明，在非洲投资或将生意扩展到非洲的风险太大。与此同时，非洲各国政府的领导人以及私营和非政府组织的领导人希望与志同道合的全球伙伴展开合作。然而，他们中很少有人能够获得帮助他们迈出关键一步的核心信息。如果你是他们中的一员，那么你并不孤单。

　　作为一个生活在非洲的本地人，我也被引导着相信在非洲创业和投资是有风险的。我听说过一些令人担忧的故事：投资者由于未能在投资之前进行适当的研究而损失了他们的资金。我还听到过这样的说法："你不可能既在非洲赚大钱又保持正直"和"在非洲经商极为困难，因为非洲的商业环境不受监管"。

但之后我开始问自己："为什么这么多企业向非洲大陆的新领域扩张后会蓬勃发展？"

我意识到我必须开始一些真正的研究。我的发现令人震惊。我发现，超过75%的公司和投资者取得了成功。我还意识到，我需要获取相关信息，从而深入了解在非洲大陆经商的情况，因为许多高管和企业家正在错失在改变非洲人民生活的同时赚大钱的机会。

本书旨在充当那些希望在非洲投资的投资者、企业家、公司、政府和活动家的信息来源。

《直通非洲：掘金万亿级市场》的每一章都为你提供了在非洲取得成功的公司和投资者不会与你分享的信息。为什么？因为你会成为他们的竞争对手！本书提供了从广泛研究和实地经验中获得的知识。我的目标是给投资者和企业提供考虑在非洲经商时所需的信息。

在第一章和第二章中，你会发现非洲是一个不断增长的大陆。更重要的是，你将了解该地区经济增长背后的真实故事。你还会找到一个热门问题的答案：非洲是世界上最富有的大陆吗？

序言

　　如果你的目标是全面而详细地了解非洲大陆的经济和商业活动，请从第一章开始。然而，如果你出于决策目的想要快速获取特定信息，请从第四章和第九章开始。第九章提供了进入非洲市场的分步指南。

　　非洲拥有一个欣欣向荣的市场，每天都有新公司在开发这个市场。现在就投资，你将不会在很多年里一直后悔自己错过了一个绝佳的机会。做出向非洲扩张的决定所需的关键信息就在你手中。你对自己在非洲大陆拓展生意时涉及的风险、挑战和机遇可能会有许多疑问，让我帮你找到这些疑问的答案。祝你的生意长盛不衰！

---

* 本书成书于2018年，因此2018年之后的数据为预估值。——编者注

目录

✈ **第一章** 非洲：世界上最富有的大陆？ / 001

✈ **第二章** 非洲增长最快的经济体背后的真实故事 / 023

✈ **第三章** 非洲经贸地位面临的真正考验 / 069

✈ **第四章** 对在非洲经商的种种误解 / 121

✈ **第五章** 非洲的商机 / 143

✈ **第六章** 南非是非洲的商业中心吗？ / 183

✈ **第七章** 非洲的人力资本为商业做好准备了吗？ / 201

✈ **第八章** 在非洲经商之前需要考虑的关键问题 / 233

✈ **第九章** 准备在非洲投资和经商 / 261

✈ **结论** / 289

✈ **致谢** / 293

第一章

非洲：世界上最富有的大陆？

非洲大陆非常值得投资者尝试寻找商机、进行投资和商业扩张，是一个有望实现经济增长和高回报的地区。人们普遍认为非洲是一个绝对贫穷和饱受苦难的大陆，这是因为人们没能看到全貌。虽然非洲存在极端贫困，但非洲也拥有不断壮大的中产阶级，这一阶级具备很强的购买力。外人对非洲大陆的了解往往来自他们在电视上看到的、在新闻中听到的信息。可悲的是，这些信息来源通常没有显示出全貌。现实情况是，为了在世界舞台上具有竞争力，非洲正在努力改革自身的经济体制和基础设施。为此，整个非洲大陆都对结构性发展进行了大规模投资。然而，一个无法回避的事实是，尽管高端公寓正在拔地而起，但高端公寓隔壁可能就是贫民窟。鉴于这种情况，"与世界其他地区相比非洲有多么富有"这个问题的答案，取决于非洲大陆丰富的自然资源和非洲人民的购买力。

许多潜在投资者很难将非洲视为富有和可投资之地。然而，对于那些确实看到潜力的人来说，回报是巨大的。我们不要忘记，在非洲，日均收入不到5美元的人往往准备把钱花在昂贵的卫星电视上，而中产阶级有能力投资高端住宅物业。我们也要记住，尽管非洲国家拥有巨大的自然资源财富,但它们没有必要的制造业基础设施加工这些资源。投资者或企业主必须了解这些动态才能做出理想的投资决定。我遇到过一些投资者,他们从经济角度看待非洲,视野非常狭隘。他们要么态度暧昧,要么做出糟糕的投资判断,因为他们认为非洲是一个贫穷落后的大陆。另一方面,他们的商业对手则确保自己从这个大陆获益,根据联合国贸易和发展会议的《2018年世界投资报告》(*2018 World Investment Report*),非洲大陆2018年的外国直接投资流入量约为500亿美元。

当你阅读本章时,你将开始理解为什么非洲实际上是最富有和开发程度最低的投资目的地。我们将关注非洲丰富的自然资源以及非洲人民日益增长的购买力。我们将考察非洲经济高速增长背后的原因,包括快速增长的人口对创新和技术的渴望。你还将看到,非洲已经通过改善宏观经济状况、规范商业法律和改善政治稳定性取得了进步。最后,我们将揭示非洲在一系列全球经济挑战中表现出的经济韧性背后的真相。

非洲的口袋有多深?

想要在非洲经商的投资机构或个人脑海中浮现的问题之

一是："非洲的口袋有多深？"换句话说，"针对我的商品和服务的购买力有多强？"毕竟，商业或投资的目的都是盈利。非洲的巨大悖论是，非洲拥有丰富的自然资源，但又是地球上最贫困人口的家园，这些人每天的生活费不足2美元。这种差距表明，普通非洲民众并未从非洲大陆丰富的自然资源中受益。吁请团"全球正义立刻"（Global Justice Now）的负责人尼克·迪尔登（Nick Dearden）指出了非洲大陆普遍存在的经济不平等，他表示，发展在造福富人的同时损害了穷人的利益。

令人更加不安的是，50%的非洲人每天靠低于1.25美元勉强度日。例如，在非洲最大的铜出口国（同时也是世界第七大铜出口国）赞比亚，74%的人口每天的生活费不到1.25美元。根据《2017年诚实账目》（Honest Accounts 2017）报告，1999年以来发布的数据表明，自21世纪之初，由于干旱和不断扩大的贫富差距，非洲陷入贫困的人口增加了1亿多，这使"非洲的口袋有多深"成了一个只有深入理解重要的经济动态才能解答的棘手问题。

为了更好地理解非洲的金融动态，让我们来仔细看看本书中使用的两种国内生产总值（GDP）术语。非洲大陆的总体GDP或经济规模是通过将每个非洲国家的GDP相加进行计算的。当一个国家的经济收缩时，非洲经济的总体规模就会受到影响。这种影响可以是短期的，也可以是长期的。此外，如果一个国家的经济长期处于收缩状态，该国将陷入经济衰退，正如2016年发生在尼日利亚的情况。进一步的收缩将导致经济萧条。但如果一个国家长期保持高GDP增长率，最终将出现通货膨胀，这也会对经济造成损害。这对大多数非洲人来说是个坏消息，他们无力承担上涨后的商品和服务的价格。

需要注意的是，我们不能仅仅根据一个国家的GDP规模就判定该国是穷国还是富国。例如，毛里求斯的GDP大约为120亿美元，远低于尼日利亚的4000多亿美元，但它不能因此就被简单地归为穷国。一个国家的人口规模也能影响该国整体GDP。

所以，在此背景下，让我们来看看非洲的口袋有多深吧。持续的研究表明，非洲大陆有巨大的未经开发的财富。例如，上文提到的《2017年诚实账目》报告发现，基于2015年的数据，非洲每年对世界经济的贡献超过410亿美元。此外，据说每年有2030亿美元资金离开非洲大陆。例如，在2016年第一季度，仅以外国资本的形式离开南非海岸的资金就达到119亿美元。非洲是一个富有的大陆，进一步证明这一点的是，尽管由于逃税和其他商业不法行为，非洲估计损失了680亿美元，这些钱进入腐败的跨国公司的腰包，但非洲大陆每年仍然能够支付320亿美元政府贷款产生的180亿美元债务利息。

人均GDP的计算方法是将一个国家的GDP除以该国的居民总数，而国民生产总值（GNP）着眼于一个国家全体公民的财富，无论他们生活在何处。这一点很重要，因为许多生活在国外的非洲人通过将钱寄回国内以及对自己的国家投资，为充实非洲的口袋做出了贡献。据估计，生活在国外的非洲人每年的个人汇款总额达310亿美元。这和在非洲经营的公司每年汇回原籍国的300亿美元相当。更不用说那些把利润汇回国内的海外非洲公司了。

我们也不要忘记，在全世界的自然资源中，非洲占有很大的份额——高达30%，拥有近3000万平方千米的矿区。显然，现在非洲的自然资源和投资潜力比以往任何时候都更具前景。过去十年，资源开发对非洲GDP的贡献率为30%到40%，折合580亿美元到650亿美元。到2030年，非洲大陆有望成为一个价值3万亿美元的经济体。不仅如此，非洲还将GDP中的180多亿美元投资到非洲大陆之外。此外，非洲能够出口价值超过2300亿美元的矿产和石油。矿产储量达25000万亿美元的南非、矿产和石油储量达240000万亿美元的刚果民主共和国（DRC）以及其他资源丰富的国家如尼日利亚、安哥拉、加纳、博茨瓦纳、赤道几内亚和坦桑尼亚等更多非洲国家都说明了非洲的口袋非常深。对于一个近年来年均经济增长率为5%的"贫穷"大陆来说，这不算坏。

因此，如果GDP被定义为一个国家的所有人口和公司生产的商品和服务的总价值，那么非洲的口袋非常深。非洲人也在培养对高端商品和服务的品位。拥有可支配收入的中产阶级规模正在迅速壮大。南非开普敦大学（University of Cape Town）联合利华战略营销研究所与法国市场研究公司益普索合作开展的一项为期18个月的研究表明，非洲中产阶级日均收入为12.30美元，而非洲家庭日均收入为16.90美元。对包括科特迪瓦的阿比让、尼日利亚的拉各斯和安哥拉的罗安达在内的非洲十大主要城市的研究进一步估计，非洲中产阶级的平均比例为60%。非洲开发银行估计，非洲大陆目前的中产阶级人口为3.6亿。

看看非洲排名前250位的公司，它们在2017年的总价值为7320亿美元，中产阶级支出的增长显而易见。对投资者来说，这是一个好消息，因为到2050年，非洲大陆的GDP将从20000亿美元增长到290000亿美元。除此之外，非洲的总支出约为每月980亿美元，而且还在不断增长。这增强了非洲大陆成为全球经济参与者的可能性。在未来的岁月里，非洲将有更多的东西可以与这片大陆的投资者分享。

推动非洲增长的因素

有几个因素导致了非洲经济自2000年以来的持续增长。非洲各国政府首脑和前南非驻希腊和欧洲议会大使戴维·雅各布斯（David Jacobs）等西方专家一致认为，非洲的经济增长是受外部因素而非内部因素的影响。公平地说，非洲从一系列积极的外部因素中受益匪浅，这些外部因素鼓励了该地区的资本投资。其中一个外部因素是全球市场上商品价格的提升。非洲出口的主要产品包括农产品、化石燃料和矿产。这些产品的出口量在2014年和2015年出现了大幅增长，并在之后的2016年出现了下滑。然而，出口量在2017年再次回升，而且这一趋势一直持续到了2018年。

事实证明，有利的内部条件对非洲大陆的经济增长同样至关重要。这些有利的内部条件包括非洲快速增长的服务部门和友好的宏观经济环境。其他的包括不断增长的私人消费、稳健的政府支出以及增长的国内投资。事实上，世界银行将充满活力的服务部门、农业和公共基础设施投资列为非洲经济增长的关键驱动力。此外，撒哈拉以南非洲仍然是全球经济增长最快的地区之一。这使得非洲项目的投资回报比任何其他发展中地区的项目都高。

非洲以及世界各地的经验和研究表明，改善后的安全形势以及健全的政治和经济改革为该地区形成有利的经济环境做出了巨大贡献。由于一些国家的宏观经济状况得到提升，非洲地区能够以较低的利率向外国投资者发行债券。投资者对这些债券表现出了浓厚的兴趣，这表明投资者对非洲大陆的经济前景越来越有信心。持有未偿付债券的非洲国家包括安哥拉、科特迪瓦、埃塞俄比亚、加蓬、加纳、肯尼亚、莫桑比克、纳米比亚、尼日利亚、卢旺达、塞内加尔、塞舌尔、坦桑尼亚和赞比亚。

这种对债券的巨大信心却因多用于短期支出而非长期发展的借款而黯然失色。在大多数情况下，用于短期支出的借款常出现管理不善，对经济增长造成负面影响。国际货币基金组织（IMF）近年的一份报告称，大多数非洲国家的经济并不稳定。例如，在2014年至2016年经历重重困难的加纳在2018年成了全球增长最快的经济体。该国一直努力从国家财政政策崩溃之后的经济下滑中恢复。2013年上半年，加纳的石油收入为7.3亿美元，但这一数字在2014年同期下降至4亿美元。2016年上半年更是降至1.144亿美元。2017年，加纳上半年的石油收入有所改善，为1.9132亿美元。石油收入的下滑迫使该国从私有市场大举借贷以偿付债务，此举实际上扼杀了发展中的项目。尽管加纳在2015年与国际货币基金组织达成了一项稳定协议，但由于没有遵守财政纪律，加纳的财政政策依然存在问题。2016年12月赢得选举，上台执政的新爱国党（New Patriotic Party）开始采取措施收紧财政政策，努力将国家经济重新引向正轨。这促使加纳在2018年实现了8.3%的增长率，根据世界银行的数据，这是当年全球最高的增长率。其他非洲国家也不得不面对各自的挑战，包括外汇的汇率波动。

非洲的公共或政府债务水平因国家而异。没有强有力的财政纪律和长远的经济战略的国家往往会在短期项目上胡乱花钱。公共债务不会对大型经济体网开一面。例如，日本和新加坡都是高度发达的经济体，但如图1.1所示，日本的公共债务水平是世界上最高的，新加坡则排在第11位，图1.1显示了全球公共债务水平最高的20个国家。由于高支出，这些国家的公共债务水平通常很高。2017年，厄立特里亚由借款产生的公共债务总额略低于该国GDP的127.42%，相比之下，埃及的公共债务总额约为本国GDP的101.24%。博茨瓦纳（15.4%）、刚果民主共和国（16.9%）和阿尔及利亚（17.7%）等国是非洲公共债务最低的国家，同时还位居世界上公共债务水平最低的20个国家之列。如果借款得到妥善管理，所借资金被投资于长期的基础设施建设，就会给有关国家带来经济繁荣。在许多非洲国家，公共债务确保了基础设施的持续发展，从而加强了该地区的经商活动。例如，公路网缩短了将农产品从农场运往市场所需的时间，促进了经济增长。

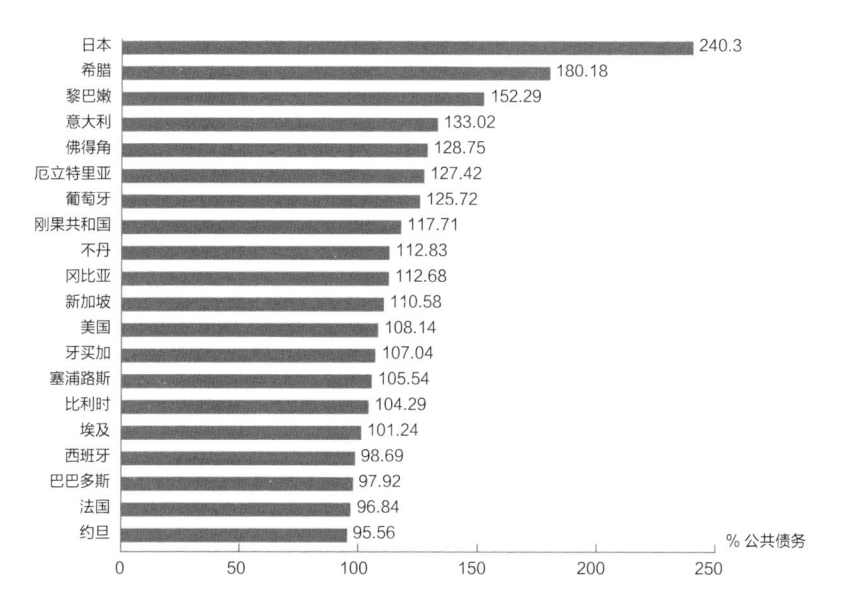

国家	% 公共债务
日本	240.3
希腊	180.18
黎巴嫩	152.29
意大利	133.02
佛得角	128.75
厄立特里亚	127.42
葡萄牙	125.72
刚果共和国	117.71
不丹	112.83
冈比亚	112.68
新加坡	110.58
美国	108.14
牙买加	107.04
塞浦路斯	105.54
比利时	104.29
埃及	101.24
西班牙	98.69
巴巴多斯	97.92
法国	96.84
约旦	95.56

图1.1　2017年公共债务占GDP比重最高的20个国家

资料来源："数据门户"（The Statistics Portal），2018。

非洲经济韧性背后的事实

非洲的经济繁荣并不是一蹴而就的。多年来，由于政治环境不确定、对冲突的担忧以及对进口商品的依赖等因素，非洲大陆的经济发展一路坎坷。与世界主要货币相比，非洲的货币疲软，这也伤害了经济。据世界银行称，非洲地区的经济表现一直起伏不定，增长波动性大。然而，在这段时期，非洲经历了世界性动荡并得以幸存。

第二次世界大战以来，世界经历了几次重大的经济危机，例如1973年的严重石油短缺。就在这一年，主要由阿拉伯国家组成的石油输出国组织实施石油禁运政策，以回应美国在阿以冲突期间向以色列提供武器的行为。另一场经济危机是发生在1987年的"黑色星期一"，当时全球经历了一场大范围的股市崩盘，这场始于中国香港的股市崩盘一直蔓延到了欧洲和美国。然后是发生在2007年和2008年的世界金融危机。主要的世界市场在压力下崩溃了，但这反而证明了非洲经济的韧性。事实上，这些年来非洲一直保持着5%左右的稳定增长率，只有2009年例外，当时，与金融危机期间"破产"的全球市场进行交易导致非洲的增长率降至3%。这种持续的韧性令投资者和企业感到困惑，而且非常值得探讨。

需要指出的是，非洲经历了两个关键的经济时期，这两个时期为它未来的经济增长描绘了一幅清晰的图景。根据国际货币基金组织的说法，第一个时期是从1961年到1975年，特点是经济增长缓慢，导致非洲与世界其他地区相比经济产出较低。然而，如图1.2所示，非洲在2000年后开始经历稳定的经济增长。从1961年至1995年这一时期的特点是欠发达。人们提出了不同的理论解释这种欠发达状态。这些理论包括殖民化和奴隶贸易、冲突、不稳定的民主政体、区域一体化程度不足、不利的地理条件以及气候变化等。尽管存在这些因素，但非洲经济似乎挺过了全球经济动荡，即使发展缓慢。

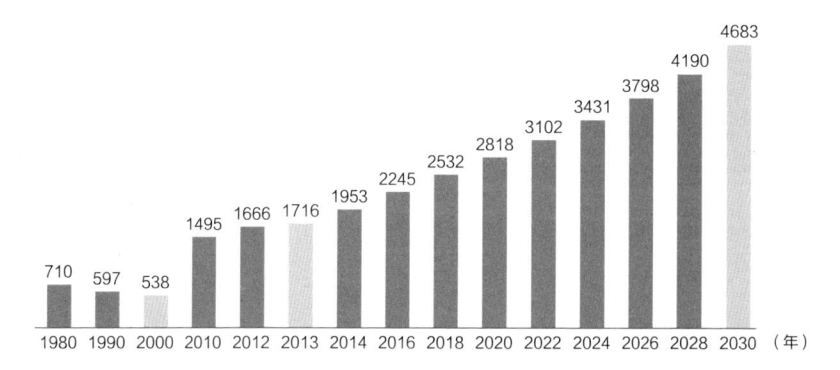

图1.2　1980—2030年的非洲人均GDP（美元）

资料来源：世界银行，2015。

第二个呈现出上升趋势的时期是从1995年到现在。与一些看法相反，非洲并非一直是一个经济增长缓慢的地区。非洲的经济增长与中国和亚洲其他地区的经济增长没有什么不同。20世纪90年代末，相对稳定的政治局势和政治资源使人们甚至将非洲的发展前景与东南亚等地区相提并论。这些政治资源包括非洲人民和媒体对政府和公共政策的影响。在此之前，非洲经济曾在20世纪60年代末和70年代初实现了约5%的显著增长。但这终止于1973年10月石油输出国组织成员国实施石油禁运，导致的石油危机。不断上涨的石油价格和高昂的主权债务信贷成本，进一步加剧了非洲国家面临的经济挑战。

1960年至1975年，非洲国家实行国有制下的工业化，生产进口商品的替代品。此举导致产品质量低劣，缺乏竞争力，国家生产力水平低下。即便如此，非洲还是挺了过来，避免了经济崩溃。20世纪70年代，在非洲大陆等待全球贸易价格回升之际，该地区仍保持着平均4.8%的GDP增长率——这证明了非洲的经济韧性。

英国退出欧盟的决定引发了人们对非洲与欧洲国家之间关系的担忧，因为欧洲国家是大部分非洲产品的进口地。根据预测，英国脱欧将再次考验非洲的经济韧性，而欧洲和世界其他地区可能出现货币波动和经济波动。这一震荡可能影响肯尼亚和尼日利亚，两国在未来五年和英国的双边贸易额度需要下调。肯尼亚70%以上的花卉出口依赖欧盟市场。同样，随着英国进口商的撤离，南非的葡萄酒出口量可能会出现下滑。由于工资增长超过生产力的增长、电力和宽带的高昂成本以及政府内部的各种腐败丑闻，不断上升的劳动力成本使南非的经济增长一直在原地打转。幸运的是，自2018年2月西里尔·拉马福萨（Cyril Ramaphosa）接替雅各布·祖马（Jacob Zuma）就任南非总统以来，人们重拾乐观情绪。尽管如此，英国脱欧和欧洲不确定的未来，依然可能导致南非市场的不确定性。

  非洲经济增长面临的另一个障碍是2013年至2016年在西非暴发的埃博拉疫情——这是埃博拉病毒有史以来最广泛的一次暴发。国际货币基金组织的资料显示，非洲2015年的整体经济表现因此受到了影响。塞拉利昂、利比里亚和几内亚等国的经济在埃博拉病毒暴发期间陷入瘫痪。与此同时，由于安全问题和混乱的政治局势，利比亚的经济在2015年直线下滑。近年来，非洲大陆的恐怖主义同样引发了人们的担忧，并导致非洲的经济收益下降——主要是在旅游领域。非洲国家正在努力遏制恐怖主义。尼日利亚、喀麦隆、乍得、尼日尔、布基纳法索、科特迪瓦、马里和肯尼亚等国都曾惨遭博科圣地和索马里青年党的蹂躏。然而，在肯尼亚，旅游业在2015年的下降趋势在次年得到逆转，并在2017年和2018年继续呈上升趋势。此外，世界旅游及旅行理事会（World Travel & Tourism Council）预计，到2027年，前往肯尼亚的国际游客将达230万，为该国带来34亿美元的收入。肯尼亚、科特迪瓦以及马里等国将跻身增长最快经济体。根据美国农业部的数据，预计到2030年，尼日利亚将跻身世界前二十大经济体之列。

世界银行预测，作为世界上经济增长最快的地区之一，撒哈拉以南非洲将因自身产品价格下跌和不利的全球金融形势而遭受挫折。世界银行最近的多份报告显示，撒哈拉以南非洲的经济增长在2015年有所放缓，从2014年的4.6%降至2015年的3.7%。全球金融形势收紧和中国经济增长放缓是2014年至2015年非洲经济增长放缓的主要原因。然而，投资增长导致了旺盛的需求，在随后的几年中，该地区的经济增长率稳步提升，这一趋势预计将持续到2025年。这进一步证明了非洲经济的复苏能力。

商品价格下跌预计也将对刚果民主共和国和安哥拉等经济多元化程度较低的石油出口国产生影响。尽管困难重重，但国际货币基金组织还是对非洲的经济增长做出了鼓舞人心的预测。国际货币基金组织估计，该地区2018年的平均经济增长率为3.3%，而2017年的平均增长率为2.7%。到2020年，这一数字将达到7.5%，到2027年将保持在平均5%的稳定水平（不包括南非，南非的加入可能带来3.2%的地区经济增长率上升）。

此外，虽然国际货币基金组织估计撒哈拉以南非洲的经济增长率将在2019年达到3.5%，但该组织预计北美洲和欧洲的经济增长将会放缓。例如，由于企业税率下调和全额投资的临时补贴等政策，预计到2020年，美国的GDP将多增长1.2%。然而，由于这些政策的临时性质，美国在2020年以后的增长将低于早前的预测。在其他地区，几乎没有什么好消息。由于财政赤字占GDP的55%以上，以及以前的账户赤字占GDP的70%以上，利比亚的宏观经济状况将继续恶化。尽管如此，北非国家仍持有大量外汇储备。撒哈拉以南非洲相较于其他市场的预估增长情况如图1.3所示。撒哈拉以南非洲的经济增长稳定，与发展中的亚洲相似。虽然撒哈拉以南非洲的增长落后于亚洲，但该地区的经济规模将在20年内翻一番。

撒哈拉以南非洲人口占全球人口的近12%，并且非洲大陆面积约占世界陆地总面积（超过1.488亿平方千米）的18%，这一地区实现了年均5.6%这一令人印象深刻的经济增长率。如图1.3所示，非洲大陆的经济规模有望在不到20年的时间里翻一番，这为跨国公司带来了新的机遇。

为了应对经济挑战，非洲各国政府采取了各种政治和经济措施，以实现该地区的经济增长。这些措施包括国有企业私有化、减税和主要市场自由化。这使这些国家向国际商业敞开大门，从而降低了它们的债务水平，改善了当前的贸易平衡。

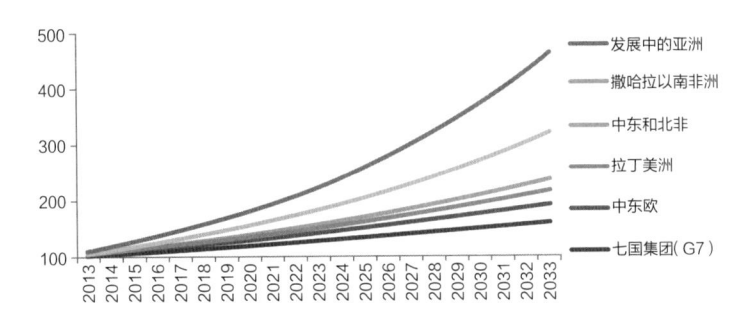

按当前增长率计算的世界经济体的指数化增长（2012年=100）[1]

图1.3　2013—2033年预计撒哈拉以南非洲相较于世界其他经济体的估计增长情况

资料来源：前沿战略集团（Frontier Strategy Group），2013。

如上所述，在经历了应计贷款期和债务期之后，非洲在2000年后进入令人印象深刻的持续增长时代。非洲国家在全球增长最快的经济体中占据了很大比例，包括贝宁、科特迪瓦、刚果民主共和国、加纳、肯尼亚、尼日利亚、塞内加尔和多哥在内的多个非洲国家成为全球商业环境得到最大改善的经济体。2008年的金融危机对非洲经济环境的影响微乎其微。这显示了一种经济韧性，这种经济韧性归功于非洲改善的财政状况以及相对其他大陆较低的经济关联水平。图

---

[1] 按照目前的增长率，撒哈拉以南非洲的GDP将在20年内翻一番。

1.4显示了撒哈拉以南非洲如何继续保持经济韧性并领先于其他竞争经济体,如2020七大新兴经济体:这七个重要的新兴市场将在2020年年底之前超越其他新兴经济体,并在世界经济中功成名就。它们指的是中国、马来西亚、智利、波兰、秘鲁、墨西哥和菲律宾,这七个重要的新兴市场将在2020年年底之前超越其他新兴经济体,并引领世界经济。即使在2016年经济下滑之后,撒哈拉以南非洲的经济依然出现了回弹,并从2017年开始保持稳定的GDP增长率。

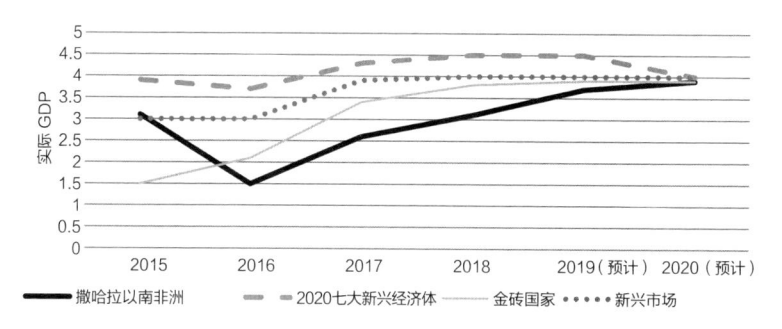

图1.4 撒哈拉以南非洲因经济因素改善而赶超其他新兴经济体(万亿美元)
资料来源:世界银行,2018;国际货币基金组织;非洲开发银行。

由于这种韧性,非洲过去十年的经济繁荣吸引了投资者,进一步提高了非洲的增长前景和投资地位。增强非洲经济韧性的因素包括紧缩的政治经济措施和迅速增长的年轻人口,这些因素对非洲的劳动力市场产生了积极影响。其他因素包括农业产出增加以及消费能力更强的城市人口和中产阶级人口的不断增长。有利的商品价格以及中国及时交付的具有价格竞争力的商品合同和基础设施建设等投资合同也起了作用。

如图1.4所示,今天,撒哈拉以南非洲市场的经济增长和韧性前景一片大好,并且正在超越其他新兴市场。这归功于政治稳定性的提高、条款更公道的自然资源贸易、非洲原材料制造和农业加工水平的提高,以及为控制支出和保护国库而收紧的财政纪律。

非洲被称为世界上最年轻的大陆,这里拥有快速增长的年轻人口。根据世界银行的定义,年龄在25岁以下的为年轻人口。非洲是世界上一半以上年轻人口的家园。根据预测,非洲每年还将增加50万15岁的年轻人,这一趋势将一直持续到2035年。这些年轻人被赋能并进入劳动力市场,将带来经济转型的潜力。年轻人口增长将对非洲的劳动力持续产生积极影响。必须指出的是,非洲地区65%的劳动力是农民。这就需要投资于农业能力建设,以提高农业产出和增加非洲的经济收益。例如,作为政府对农业部门持续关注的一部分,50多万名埃塞俄比亚农民在2012年接受了新的农业实践和技术培训。在2012年,根据记录,农业投资是在12年(2000年至2012年)间使该国GDP翻了两番达到400亿美元的两个领域之一。

另一个维持非洲经济韧性的因素是城市人口的增长和迅速壮大的中产阶级，这导致了家庭支出的增长。据估计，到2030年，50%的非洲人口将居住在城市中心。根据非洲开发银行的数据，虽然非洲穷人每天的生活费不到1.25美元，但非洲日益壮大的中产阶级平均每天花费11美元。到2040年，非洲劳动年龄人口将达11亿，这将使18个非洲城市的消费力达到惊人的1.3万亿美元。消费能力的提升将有助于跨越非洲经济增长的阻力。更重要的是，领先的全球预测机构牛津经济研究院（Oxford Economics）预计，到2030年，超过24个非洲国家的经济年增长率将超过5%。这意味着科特迪瓦、埃塞俄比亚、加纳、肯尼亚、尼日利亚、坦桑尼亚和赞比亚等国将继续提供具有竞争力的经济环境，这样的环境将为投资者和企业带来理想的回报。与此同时，南非将在整个非洲大陆出口技术技能。

此外，非洲经济到2033年预计将翻一番。该地区继续显示出的巨大经济韧性，使其成为最可靠的长期投资选择之一。因此，非洲大陆在过去十年间受到极大的经济和投资关注也就不足为奇了。根据目前的增长速度，非洲无疑将继续在全球增长最快的经济体名单中独占鳌头。就长期投资和良好回报而言，非洲无疑是投资的最佳选择。

第二章

非洲增长最快的经济体背后的真实故事

近年来，非洲寻求成为全球经济参与者的势头没有丝毫减弱。如第一章所述，非洲坐拥许多有利因素：快速增长的经济；抵御全球经济震荡的能力；丰富的自然资源；快速增长的年轻人口和城市人口等。此外，非洲政治稳定性不断增强，经济环境向好，具有消费欲望的中产阶级也在不断壮大。因此，非洲大陆拥有增长最多、发展最快的经济体，也就不足为奇了。

随着许多非洲人的生活得到改善，他们继续探索产品和服务市场，为他们的生活增添价值。这为投资者和企业创造了在非洲市场（仍在增长且竞争相对较弱）脱颖而出的机会。根据世界银行发布的《非洲脉搏》（*Africa's Pulse*）报告——一年两次的非洲经济体现状分析——在2016年出现20多年来最糟糕的经济表现后，撒哈拉以南非洲的经济将在2017年回升。然而，即使在这一时期，该地区仍保持着全球增长第二快经济体的位置，仅次于亚洲。

当前的经济增长水平给现有和潜在的非洲投资者带来了希望，但在某些国家仍然存在挑战。以尼日利亚和南非为例，根据非洲开发银行的数据，这两个国家的GDP分别占非洲总GDP的29%和19%。这两个在经济上具有重要影响力的国家目前正在与内部问题做斗争，包括政治干预经济、高层领导人的腐败和大公司的不当行为。如果非洲大陆要继续乘着积极的经济信心浪头前进，就必须克服各种风险。这些风险包括正在进行的基础设施建设的资金流入不足、电力供应中断、政治角力和零星的恐怖主义活动。

尽管非洲大陆热切等待尼日利亚和南非的经济复苏，不幸的是，繁荣不会在一夜之间发生。尼日利亚仍在寻找从严重衰退中恢复的方法，并且需要实现经济多元化，让农业、制造业、能源产业和服务业综合发展。更重要的是，尼日利亚需要重新思考该国对石油的依赖问题。然而，在国家安全存在问题、政治不确定和腐败丑闻的阴云笼罩下，该国在实现经济复苏之前仍有很多工作要做。南非经济也受到一系列备受瞩目的政治腐败和制度性腐败丑闻的损害，这些丑闻导致投资者撤离南非并采取观望态度。与尼日利亚一样，在2017年被评级机构标准普尔（Standard & Poor's，S&P）和惠誉（Fitch）降级为垃圾级后，南非进入了一段经济的黑暗时期。此次降级进一步阻碍了该国的经济增长。然而，在总统西里尔·拉马福萨掌权后，投资者的信心有所增强。拉马福萨是一名商人和前工会领袖，他享有极高的评价，被认为是一位精明的谈判者和桥梁建筑师。事实可能证明，这些技能在拉近政界和商界之间的距离并促进两者之间更大程度合作方面的价值是不可估量的。

据世界银行称，从现在到2027年，预计全球经济增长率将稳步上升。各种预测认为全球经济平均增长率为3%。非洲地区的长期经济增长前景直到2027年都非常可观，不包括南非在内的平均增长率为5%。随着卫生、教育和投资等关键领域的改革以及女性劳动力的增加，非洲地区的平均增长率可能达到5.8%。如图2.1所示，非洲增长最快的8个经济体有望实现6%~8%的平均增长率。根据国际货币基金组织的数据，其中的大部分增长将出现在东非和西非，埃塞俄比亚为7.3%，莫桑比克为7.9%，坦桑尼亚为6.6%，乌干达为6.7%，肯尼亚为6.3%。科特迪瓦、加纳和塞内加尔等西非国家预计也将实现高增长率。这些预计的GDP增长水平使非洲跻身经济增长最快的大陆，非洲有可能成为这一时期世界上增长最快的经济体。

在尼日利亚和南非这两个非洲的大型经济体努力克服低迷的经济增长之际，许多其他的非洲国家正在快速增长。这些国家包括科特迪瓦、埃塞俄比亚、加纳、肯尼亚、毛里求斯、莫桑比克、卢旺达、塞内加尔、坦桑尼亚和乌干达。它们位居非洲和世界增长最快的经济体之列，并且表现出了比尼日利亚或南非更强的韧性。根据世界银行的数据，包括尼日利亚和南非这两个在经济上具有重要影响力的国家在内，非洲地区的增长率从2016年的1.3%上升到了2017年的

2.4%，预计2018年将继续增至3.2%，2019年至2020年将增至3.6%。理解这些统计数据很重要，同样重要的是理解什么在推动增长最快国家的经济，以及如何维持这些动力以让非洲走上持续上升的轨道。

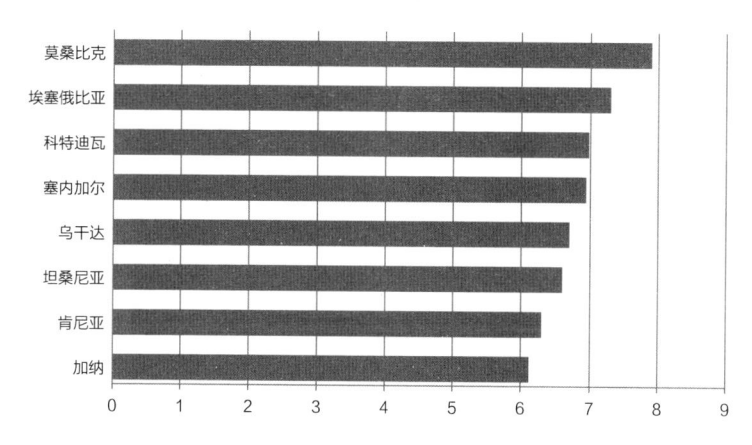

■ 2018—2022 年 GDP 平均增长率百分数（百分比）

图2.1　2018—2022年非洲增长最快的经济体

资料来源：国际货币基金组织《世界经济展望》（*World Economic Outlook*）的数据。

非洲增长最快的8个经济体

在经历了数十年低迷的经济增长之后，非洲在非洲开发银行2013年的《年度发展成效审查》（*Annual Development*

Effectiveness Review）报告中被评为全球增长最快的经济体和人口最年轻的地区，这确实令人备受鼓舞。自2000年以来，非洲的GDP增长了两倍。这一增长归功于非洲对商品和服务需求的不断增长、商业环境得到的改善以及更加便利的原材料获取途径。其他因素包括推动整个非洲大陆实现经济繁荣和经济治理的改善政策。自然资源也发挥着重要作用。还有非洲侨民汇款，据世界银行估计，2018年的侨民汇款金额约为390亿美元。

非洲开发银行的《2018年非洲经济展望》（*African Economic Outlook 2018*）报告表明，如果对工业部门进行投资，到2025年，非洲的GDP将提高到5.63万亿美元，而世界银行的《全球经济展望》（*Global Economic Prospects*）报告预计，撒哈拉以南非洲的GDP也会增长，并到2020年实现3.7%的增长率。世界银行的报告还列出了该地区的6个低收入国家，它们将在2020年实现6%以上的增长率。这些国家是贝宁（6.3%）、坦桑尼亚（7%）、埃塞俄比亚（9.9%）、卢旺达（7.5%）、塞内加尔（7%）和塞拉利昂（6.5%）。这些国家可能受到有效的治理政策、原材料加工、国内需求、私人消费、持续的基础设施投资和石油价格上涨的影响。

尽管非洲在发展，但非洲经济并没有为其不断增长的劳动力创造足够的就业机会。根据《2017年世界就业和社会展望》(*World Employment Social Outlook: Trends 2017*) 报告，撒哈拉以南非洲当年的失业人数估计为2900万。未来四年还将有1260万年轻人加入劳动力大军，因此至关重要的是非洲的经济增长要为家庭、社区、行政区和省份带来就业机会。一个经过深思熟虑的积极就业战略将改变许多人的生活，具体做法是至少为每个家庭中的主要劳动力者提供一份高薪工作。这将确保家庭得到照顾，儿童获得教育。非洲还需要在年轻人中培养企业家精神，使他们能够为自己和他人创造工作机会。做到这一点的方法之一是投资商业咨询，商业咨询既是一种给企业家赋能的工具，也是一种职业。

创造就业机会并不是唯一的问题。根据世界卫生组织的数据，撒哈拉以南非洲有超过3.19亿人无法获得安全的饮用水，根据世界卫生组织和联合国儿童基金会联合发布的水监测报告，约有1.02亿人仍在使用地表水。根据联合国的数据，撒哈拉以南非洲的人们每年花在取水上的时间共计约为400亿小时。为了评估这一数字的意义，我们可以看看下述事实：400亿小时是法国一年的劳动总时数。

看过非洲大陆的不足之处后，让我们把注意力转回非洲经济快速增长背后的原因。让我们看看有望在2022年之前成为最快经济增长国的8个国家的具体情况。是什么将这些国家与其他国家区分开来？哪些领域在推动经济的快速增长？

1.加纳

加纳从前被称为"黄金海岸",是非洲最稳定的国家之一。加纳被认为是通往西非的门户,1957年成为第一个从英国独立的撒哈拉以南国家。到2022年,加纳人口预计达3200万,GDP达680亿美元,该国因宏观经济稳定和腐败水平低而闻名。2018年1月,加纳的经济增长率为8.3%,这使其成为全球增长最快的经济体。

加纳面临的挑战包括高电价、高青年失业率和高外债率。超过120万15岁及以上的加纳人处于失业状态。2017年,该国商业用户的电价为每千瓦时0.32美元,而家庭用户的电价为每千瓦时0.19美元。经过广泛协商,加纳公用事业监督管理委员会于2018年3月批准将家庭用户的电价下降17.5%,将商业用户的电价下降30%。2017年1月纳纳·阿多·丹克瓦·阿库福-阿多(Nana Addo Dankwa Akufo-Addo)担任总统,并已开始兑现其竞选承诺。第一项竞选承诺包括提供免费高中教育和降低国家预算赤字。加纳财政部部长肯·奥福里-阿塔(Ken Ofori-Atta)在2018年11月15日向加纳议会提交2019年度预算时表示,政府正在努力实现在2019年达到4.2%的赤字目标,该国2018年财政赤字为4.5%,2017年为5.9%,2016年为9.3%。

加纳正重拾非洲增长典范的地位，此前，由于GDP增速从2013年的7.3%降至2014年至2016年间年均4.4%的水平，加纳曾在2014年至2016年短暂失去这一地位，加纳2018年6月的贸易顺差为16亿美元（占GDP的3.1%）。过去10年，这个西非国家成功将通胀率保持在较低水平，2018年的通胀率为个位数（9.8%）。可可、采矿和石油开发仍然是该国经济增长的支柱。根据加纳可可委员会（Ghana Cocoa Board）的数据，该国的可可产业聘用了超过80万个农业家庭，每年估计产生20亿美元的外汇收入。作为非洲第二大黄金生产国，加纳的黄金储备超过了秘鲁和巴布亚新几内亚等主要黄金生产国。该国在2016年生产了高达413万盎司黄金，价值近51.5亿美元——这是40年来的最高水平。这一成绩还是在该国最大金矿之一奥布阿西（Obuasi）停产的情况下取得的，在收集数据时，该金矿正在进行维护和翻新。2016年下半年至2017年上半年，加纳的石油收入翻了一倍以上——从9340万美元增至1.913亿美元。根据加纳政府的数据，2018年，加纳从黄金、可可和石油出口中获得的总收入估计超过64.7亿美元。2018年10月，在调整国内生产总值基数后，加纳统计局对该国经济的估值为2566亿加纳塞地[①]（535亿美元）。

[①] 加纳塞地（Ghana Cedi），加纳货币单位，符号为₵。——译者注

纵观这些因素，可以说加纳在未来十年将保持其非洲增长最快经济体之一的地位。非洲地区需要确保其他非洲国家通过像加纳一样的经济转型政策和举措，逐渐步入经济增长阶段。

2.埃塞俄比亚

埃塞俄比亚是非洲增长速度第二快的经济体。根据世界银行2018年的《全球经济展望》报告，埃塞俄比亚在2017年成为全球增长最快的经济体，预计到2022年，该国的GDP将达到1149亿美元左右。该报告称，从2018年至2022年，埃塞俄比亚的GDP估计将以每年9%的速度增长。埃塞俄比亚是仅次于尼日利亚的非洲第二人口大国，到2022年，该国人口预计将达1.18亿。作为非洲最古老的国家之一，埃塞俄比亚正在证明自己在商业和经济方面的价值，以引起投资者的兴趣。尽管存在干旱问题，但埃塞俄比亚还是展现出了经济韧性。

然而，埃塞俄比亚自身面对着政治挑战。奥罗莫人（Oromo）和阿姆哈拉人（Amhara）是该国最大的两个民族；2016年，这两个民族爆发了种族冲突，冲突的核心是人口规模更大的奥罗莫人在政治和经济上反而被边缘化。矛头指向联邦制下的阿姆哈拉人精英，他们曾经承诺赋予奥罗莫人自治权。从2016年7月到12月,种族冲突导致该国获得的直接投资下降了五分之一。2017年,奥罗莫人和索马里人也因争夺共同边界沿线耕地的控制权而发生冲突。冲突导致数百人死亡,数千人流离失所。另一个令人担忧的方面是埃塞俄比亚的借贷趋势,这一趋势导致该国的公共债务居高不下。据《非洲信使》(*The African Courier*)杂志报道,埃塞俄比亚目前的公共债务水平是该国GDP的50%以上。

尽管存在这些挑战,埃塞俄比亚政府仍然在为实现经济多元化做出巨大努力。该国高度重视基础设施发展,主要包括运输网络和大坝。新的道路正在修建之中,以支持埃塞俄比亚南部的糖业,促进煤矿的发展,并加速将农产品运往主要市场。该国政府还在亚的斯亚贝巴(Addis Ababa)建成了一个铁路网,将该市市中心和郊区之间的企业、制造业工厂和居民区连接起来。根据非洲发展银行的数据,埃塞俄比亚政府将在基础设施建设领域再投资8900万美元。虽然埃塞俄比亚最大的外汇收入来源是咖啡,但正在实施的政策有助于实现该国商品和出口产品的多样化,这些出口产品包括黄金、园艺产品、芝麻、牲畜和阿拉伯茶(Khat,一种咀嚼后有兴奋作用的植物叶片)。这些政策都为埃塞俄比亚目前在非洲和全球的经济地位做出了贡献。

银行业是有待投资者涉足的另一个潜在领域。根据国际货币基金组织的数据，在埃塞俄比亚，只有22%的成年人拥有银行账户；而在南非，这一比例约为70%。包括纺织业在内的制造业是另一个极不发达的部门，该部门从投资中受益，使埃塞俄比亚成为非洲主要的纺织和服装中心之一，实现300亿美元的出口额。

如果埃塞俄比亚要在2025年达到中等偏下收入水平，该国不仅需要加大基础设施领域的投资以促进贸易，还需要投资农业技术，这将加强农业部门力量并帮助该国解决粮食安全问题。能源是另一个高度可投资的领域。世界银行估计，未来十年，埃塞俄比亚有能力实现每年51亿美元的基础设施投资。对于投资者来说，埃塞俄比亚绝对是一个值得探索的国家。

3.莫桑比克

到2022年，莫桑比克的人口和GDP预计将分别达到3300万和184亿美元，该国是非洲经济增长的典型代表。在1977年至1992年的内战之后，莫桑比克基本上实现了稳定和增长。在2015年经历了短暂的经济波动之后，莫桑比克的GDP自2016年起以平均近5%的速度增长，使该国成为非洲经济表现最强劲的国家之一。莫桑比克正在投资基础设施，以实现该国的铁矿石、黄金、铝土矿、石墨、大理石和石灰石等矿藏收益的最大化。该国的天然气储量位居世界前五位。近年来，铝已成为该国最有价值的出口产品。这吸引了天然气、煤炭和水电领域的大型投资项目。莫桑比克地理位置优越，与坦桑尼亚、马拉维、赞比亚、津巴布韦、南非和斯威士兰接壤。这使莫桑比克成为想要在这些邻国经商的投资者和企业家理想的商业中心。

内战结束以来，莫桑比克基本上保持了政治稳定。莫桑比克解放阵线党和莫桑比克全国抵抗运动是该国两大主要政党。莫桑比克70%的人口生活在农村地区，尽管自给自足的小规模农业聘用了该国大部分劳动力，但产量普遍较低，这增加了粮食安全的压力。由于82%以上的就业岗位依赖自然资源，需要更多投资来发展自然资源部门。疟疾也对经济构成了重大威胁。在莫桑比克，疟疾导致了29%的死亡人口，35%的儿童死于疟疾。根据世界银行2017年的估计，该国2018年的平均通胀率为4.7%，而商业银行的贷款利率高达27%。然而，到2018年年底，贷款利率稳定在21%左右。尽管贫困率自2009年以来下降了4.8%，但仍高达46.1%。除上述挑战外，自2009年的人口普查以来，该国增加了约100万人，这也导致了莫桑比克农村地区的贫困。

莫桑比克经济快速增长的主要动力是外国直接投资和公共支出。2018年，作为莫桑比克经济支柱的农业在该国GDP

中的占比为25%。向消费者提供服务的第三产业占GDP的比率为65%，而第二产业或制造业的比率为9.6%。根据《2018年非洲经济展望》报告，采矿部门生产力涨幅达59%，该报告还指出，增长最快的部门是金融服务业、制造业和建筑业。

作为一个资本密集型经济体，莫桑比克强有力的货币政策正在帮助该国货币梅蒂卡尔（Metical）对美元和其他主要货币表现积极，这有助于降低通货膨胀。莫桑比克也在为本国的铝、煤炭和天然气获得更理想的价格进行谈判，此举将提振该国经济。根据世界银行的数据，莫桑比克有望在2022年年底实现7.5%的经济增长。投资者同样不能忽视非正规贸易，因为这是经济中的关键参与者。虽然私营部门在该国GDP中的占比为65%，但调查显示，私人企业家拥有全国93%的企业。莫桑比克投资建设了价值80亿美元的勘探机构——莫桑比克国家石油公司（Empresa Nacional de Hidrocarbonetos，ENH），此举被视为该国政府进一步发展经济的积极举措。

随着莫桑比克显示出的作为非洲经济参与者的重要性不断增强，投资者肯定会在农业、酒店业、卫生和教育领域获得丰厚利润。对莫桑比克来说，对这些行业的投资将有助于实现该国经济的多元化，并促进该国经济的发展。

4.坦桑尼亚

坦桑尼亚持续在经济上取得进展，约翰·马古富力（John Magufuli）总统于2015年11月就职以来该国经济发展得尤其突出。根据世界银行的数据，到2035年，坦桑尼亚的人口将达到9500万。国际货币基金组织估计，到2022年，该国的GDP将达到776亿美元，GDP年增长率将达6.8%。由于黄金产量的增长和旅游业的发展，坦桑尼亚近年来实现了经济的高速增长。银行业、能源业、电信业、采矿业以及农业的发展也使该国经济得到增强。贫困水平从2007年的60%下降到了2016年的约47%，下降幅度达13%。

按人均收入计算，坦桑尼亚是世界上最贫穷的国家之一。据估计，该国仍有1200万人生活在极端贫困之中。此外，随着每年近80万年轻人加入劳动力大军，该国正面临着就业压力。根据国际货币基金组织的说法，坦桑尼亚有可能实现更高水平的经济增长，但由于宏观经济政策收紧导致的公共支出不足正在抑制该国经济发展。

自然资源是使坦桑尼亚成为增长最快经济体之一的一个原因。根据德勤2017年的一份经济报告，该国采矿业的增幅估计为8.5%，达9.6亿美元。同年，该国的旅游业收入估计为26.9亿美元。该报告还将农业列为聘用人员最多的部门——约占该国人口的65%，即3600万人。此外，农业贡献了坦桑尼亚近30%的GDP，约140亿美元。有关信贷和消费品需求的增长对该国的经济增长起着至关重要的作用。根据世界银行的数据，3%的人口年增长率正迫使坦桑尼亚的城镇化率达到30%，进而提高了对消费品和服务的需求。另一个积极因素是，政府成功将通货膨胀保持在较低水平。尽管坦桑尼亚2017年的通货膨胀率为6.4%，但这远远好于大多数非洲国家，这些国家的通货膨胀率达两位数。随着经济的发展，用于改善公路、港口、机场和铁路网的基础设施投资对坦桑尼亚的快速增长越来越重要。

5.乌干达

多年来，乌干达的经济表现出了显著的韧性。该国2022年的GDP估计将达到405亿美元，年增长率预计为8%。预计乌干达人口将在同年达到4370万，这有助于该国继续被外界认可为非洲最佳投资目的地之一。2018年，非洲开发银行预计，到2020年，乌干达的债务与GDP之比将达到45%。乌干达在持续降低贫困水平方面表现出色。2006年以来，乌干达每日生活费低于1.90美元的人口比例的年降幅高达27%。尽管乌干达统计局发布的《2016/2017年度乌干达全国家庭调查》（*The 2016/17 Uganda National Household Survey*）显示，该国的贫困水平在2012年到2013年19.7%的基础上增加了8%，但乌干达在减贫方面取得的结果仍然是显著的。

然而，由于干旱、农作物病害和价格不稳定，该国的粮食安全存在风险。2016年，粮食短缺影响了大约160万人，同时大约有930万人面临挨饿的风险。

乌干达经济增长的动力之一是该国的创业人口。非洲开发银行估计，该国约35.5%的劳动力从事某种形式的创业活动，乌干达是世界上最具创业精神的国家之一。乌干达政府已经采取措施，使经商环境变得更友好。一个很好的例子是土地登记所需时间从227天减少到42天。土地登记流程的加速使政府从土地登记中获得的平均收入增加了308%。

工业部门也是乌干达经济增长的重要来源。在2017/2018财政年度，工业部门对该国GDP的贡献率约为21%，其中大部分来自制造业和建筑业。乌干达迎来了一些里程碑式的投资，有近20亿美元被用于发展和提高能源基础设施和电力供应，以及促进农业和中小型企业的发展。该国决心到2040年成为一个现代化的繁荣经济体，投资者可以期待一个经济上的光明未来。

6.塞内加尔

塞内加尔虽然不像一些西非邻国那样出名，但该国一直在维护稳定的政治环境并在西非开展商业活动。塞内加尔人口约为1880万，GDP预计到2022年将达234亿美元，平均增长率达6.9%，该国是经济表现最好的非洲国家之一。塞内加尔一直在进行基础设施投资，以改善商务旅行条件。这方面的例子是连接布莱兹·迪亚涅国际机场（Blaise Diagne International Airport）和首都达喀尔（Dakar）的全新高速列车线的开通。

塞内加尔也存在自己的问题。其中之一是该国糟糕的土地治理方法。随着城市发展和城市化进程的加快，情况变得更加糟糕。高昂的土地成本加剧了这一问题。农民，特别是年轻农民，正在努力获得足够的土地种植庄稼。这阻碍了本应通过年轻农民的生产实现的经济发展。深受这种情况影响的两个地区是塞内加尔河谷（Senegal River Valley）西部的一个河流三角洲和尼亚伊（Niayes）地区，后者是从达喀尔市向北延伸到三角洲南端的狭长沿海地带。由于土地成本高昂，许多人无力购买用于耕种或企业发展的土地。塞内加尔的土地价格约为每公顷[①]1200美元，远远超出了普通塞内加尔人的承受能力。然而，好消息是，该国正在就此采取措施。塞内加尔通过土地法改革委员会实施了土地改革，以规

---

① 1公顷=10000平方米。

范土地所有权和土地分配。政府希望此举能最大限度地增加可用于农业的土地，并帮助经济发展。

在经历了多年的低迷后，塞内加尔于2014年通过了"塞内加尔振兴计划"，该计划涉及结构和政策改革，以提升经济竞争力，增加有利的经济条件，从而对抗缓慢的增长周期并减少贫困。随着"塞内加尔振兴计划"的通过，该国经济增长开始加速。经济加速增长的另一个主要原因是2016年以来出口商品带来的高回报。预计到2022年12月，出口增长将达到8.5%。更高的国内消费也为该国GDP的增长贡献了约10%的份额。其他增长诱因包括农业、渔业和采矿业。花生、鱼类、食盐、磷酸盐、水泥和石油产品是塞内加尔的主要出口商品。塞内加尔还采取措施削减财政赤字，使该国在最后期限前符合"西非国家经济共同体2019年融合承诺"的要求，以确保该国到2019年年底为2020年西非国家金融和货币一体化目标做好准备。该目标包括在西非货币区使用单一货币。

塞内加尔将在2022年之前实现7%的强劲经济增长，这让该国的情况看起来很好，也使现在成为投资者和企业进入塞内加尔市场的有利时机。未来几年，塞内加尔将成为非洲表现最好的国家之一。

7.科特迪瓦

根据国际货币基金组织的数据,科特迪瓦是非洲增长最快的经济体之一,GDP达562.3亿美元,2022年之前其经济都将以7%的可观速度增长。根据预测,到2022年,科特迪瓦的人口将达2840万,其中近三分之二的人口依靠农业部门谋生。农产品在该国的出口产品中占据很大比例,出口产品包括可可、棕榈油和咖啡。从2012年到2018年,科特迪瓦的贫困率逐步降低。然而,依然有超过40%的科特迪瓦人生活在贫困线以下。

科特迪瓦经济面临的挑战包括气候变化、国内权力斗争以及国际经济法规和程序。2011年内战结束后,该国走上了一条大量吸引外国投资的道路,这使该国经济迎来了高速增长。阿拉萨内·瓦塔拉(Alassane Ouattara)总统于2015年的和平连任让该国取得了政治上的进步。尽管该国正在经历强劲的增长,但它基本上仍然依赖原材料特别是农作物出口产生的收入,这极大程度上受到全球市场价格和气候变化的影响,使得该国经济很容易产生波动。

科特迪瓦政府于2016年启动了一项为期四年的国家发展计划,旨在到2020年将该国转变为中等收入经济体。加上154亿美元的外国投资,这一根本性的经济发展计划进一步增强了投资者的信心,增加了该国获得的投资,促进了经济的进一步增长。推动科特迪瓦经济快速增长的其他因素包括:该国有能力通过明智的财政和货币政策控制公共财政,从而保持低通胀,并为企业增长和强健的公私伙伴关系创造条件,强健的公私伙伴关系将确保资源的顺利流动。科特迪瓦正在为企业家、投资者、企业和所有科特迪瓦人提供具有竞争力和包容性的经济。

8.肯尼亚

肯尼亚是东非的经济和交通中心,预计到2022年,该国的GDP将达1128亿美元。它是东非人口第二多的国家,2022年,该国人口预计达到5350万。过去几年,肯尼亚的GDP约以平均5%的速度增长,并仍将强劲提升,预计到2022年可实现6.3%的增长率。

在稳定的宏观经济环境、强大的服务部门、复兴的旅游业和强势的财政政策的支撑下,肯尼亚成功促进了本国的经济增长,2016年的经济增长率达5.8%,预计到2022年,增长率可达6.5%。肯尼亚还成功通过全球伙伴关系,在不影响国内融资的情况下,对基础设施建设进行了大量投资。多年来,肯尼亚在控制通胀方面表现出色,这对该国的经济增长产生了积极影响。根据国际货币基金组织和非洲开发银行的预测，直到2022年，该国的通货膨胀率才将略高于5%。

肯尼亚经济增长的另一个推动力是该国老练的企业家，他们正在提高非洲地区的信息与通信技术和创新标准。其他增长部门包括建筑业、大量的海外汇款流入、金融和保险、制造业以及批发和零售贸易。

鉴于该国年轻人渴望创新、新产品和新服务，政府及其投资伙伴应该更多地关注技术和制造业。肯尼亚决心到2030年成为工业化的中等收入经济体，甚至成为非洲的工业中心。该国希望工业部门每年对GDP的贡献率不低于10%。毫无疑问，随着肯尼亚在经济上取得更大的进展，并实现公民生活由贫困到富足的转变，该国将继续在东非发挥关键作用。

非洲要成为全球经济增长最快的地区，就必须实施新的战略和经济改革。这些战略应包括政府对企业发展的财政投入和金融机构（特别是银行）的积极参与。政府、金融机构和企业之间的合作也很重要。这种合作将确保各种经济增长需求和出现的问题得到及时处理。这种合作还将使政府能够在金融机构监管下向企业提供必要的财政支持。这种支持可能会延伸到农业领域的年轻企业家。作为一种工具和职业，商业咨询对非洲的经济增长同样至关重要。对制造部门的非洲青年进行积极投资对持续的增长至关重要，因为这将使各国能够在当地加工原材料。

非洲的快速增长带来的影响

非洲的持续增长对该洲的人口和外部投资者意味着什么？当地商人和外部投资者如何利用非洲增长的不同方面？这些方面包括人口的快速增长、中产阶级的崛起和个人财富的增加、技术的大规模应用、城市化，以及对住房、办公场所和购物中心等基础设施的需求。如今，在许多非洲国家的城镇，创业氛围和丰富的商机显而易见。人们还看到了非洲的人口增长和城市化对现有基础设施造成的巨大压力。在20世纪70年代，坦桑尼亚最大城市达累斯萨拉姆（Dar es Salaam）有近40万居民。今天，它是超过440万人的家园，而且居民人数还在增加。非洲是如何应对人口增长带来的挑战的？各国政府又是如何规划不断加速的城市化进程的？

不断加速的城市化是一把双刃剑。为了寻找社会和经济机会，人们从农村前往城市，但由于迁移和人口增长的速度远超基础设施建设和就业机会形成的速度，失业和过度拥挤已成为大多数非洲国家在21世纪的主要问题。在非洲的城郊，非法定居点和棚户区的数量每天都在增加，有时就出现在富人区的对面。

与过去几十年相比，非洲城市和农村之间的鸿沟正逐渐缩小。这是因为各国政府正将发展延伸到农村地区，试图以此解决城市移民问题。此外，正在迁回农村地区的城市居民在重拾贸易或农业活动时将他们的城市开发和投资技能带回他们所在的农村社区。当城市过度拥挤时，生活条件就会恶化，这将导致卫生条件不佳、污染、环境破坏和疾病。对商品和服务的需求也会大幅增加。尽管存在种种挑战，但非洲不断加速的城市化为投资者、企业和非洲人民提供了从人力资本中获得重大收益的机会。非洲的经济增长中蕴藏着各种机会，包括利用技术改善商业事务和民主进程，更不用说有机会建造房屋和创造中低端岗位，以雇用为了追求更好生活而从农村迁往城市化和半城市化中心的大量人口。城市生活等同于整体生活水平的提高，包括良好的卫生状况、更长的预期寿命、提高的识字水平和增强的购买力。这意味着许多人正在成为非洲经济增长的积极利益攸关方，他们带来了买卖商品和服务的能力。

2018年，在全球增长最快的十个经济体中，有六个来自非洲。凭借充满活力的市场，非洲现在为外国企业和投资者提供了令人兴奋的商机和更高的投资回报。图2.2在一定程度上揭示了非洲在全球增长最快的十个经济体中占据六席的意义。

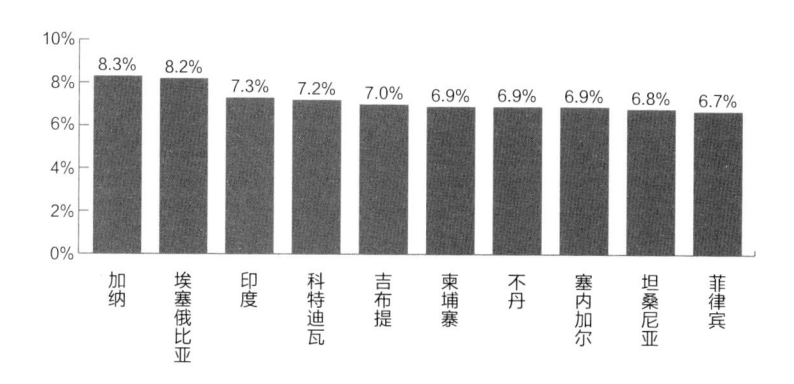

加纳	埃塞俄比亚	印度	科特迪瓦	吉布提	柬埔寨	不丹	塞内加尔	坦桑尼亚	菲律宾
8.3%	8.2%	7.3%	7.2%	7.0%	6.9%	6.9%	6.9%	6.8%	6.7%

■ 按市场价格计算的实际 GDP 增长率

图2.2 全球增长最快的十个经济体

资料来源：世界银行，2018。

如图2.2所示，作为一个具有投资回报前景的地区，非洲大陆正在成为全球关注的焦点。这种情况发生的时候，全球经济动荡，在非洲经商的感知风险（perceived risk）很高。尽管如此，由于持续的政治和经济改革，非洲地区主要市场的商业增长明显。这为商业和投资创造了更加有利的环境。非洲的商业增长不仅得到了采掘业的支持，而且还得到了一系列其他部门的支持。移动基础设施、电信投资、自然资源和该地区国家之间的贸易是非洲具有商业前景的另一些例子。非洲大陆有望成为世界上增长最快的经济体，到2025年，非洲的GDP将达到4.5万亿美元。正如《2016年非洲商业环境中的非洲巨型贸易》(*Mega Trade in Africa in the African Business Environment in 2016*)指出的那样,非洲是未来十年唯一有能力实现两位数增长的地区。

引领非洲实现2030年可持续发展议程的大趋势包括人口动态、支持性技术的兴起以及赋能非洲人。其他因素包括经济一体化、公共债务控制、气候变化、具有竞争力的资源供应和城市化。

1.人口动态

根据联合国儿童基金会一份题为《展望非洲2030》(*Generation 2030 Africa*)的报告,非洲目前12亿的人口规模到2030年预计翻一番。与此同时,18岁以下的非洲人口预计将增至10亿。这对投资者、企业、政府和非洲人民意味着什么?是否所有利益攸关方都能从年轻劳动力不断增长中受益?年轻劳动力的就业需求不断增强,但他们同样有潜力为经济做出积极贡献;为了经济的可持续增长,这个劳动力群体值得探索。

人们不能忽视的一个事实是,存在与人口增长相关的挑战,例如,由于缺乏就业岗位,很多人无法得到工作机会。预计到2035年,非洲地区的劳动年龄人口将增长70%,即4.5亿。如果不能创造足够的就业岗位,非洲将面临一个棘手的问题。世界银行估计,如果不进行强势的政策改革,新增的4.5亿劳动年龄人口就只能获得大约1亿个新就业岗位。为了避免这种情况,各国必须制定正确的战略,确保经济为年轻人口创造足够的就业岗位。一种可以做到这一点的方法是提升技能、建立足够多的产业以及技术学徒制。另一个关键战略是通过商业咨询给年轻企业家赋能并对他们进行培训。当得不到机会时,许多年轻人开始变得烦闷、沮丧、食不果腹,一些人靠犯罪为生。良好的就业政策以及经济和商业战略可以防止这种情况发生。

随着人口不断增加,对商品和服务的需求也在增长,这就需要更多的生产和服务。这还意味着,非洲大陆的人口和劳动力能够满足生产和消费水平的需要。同样,投资者的利益也得到了保障,他们拥有足够多的潜在劳动力,以支持他们在非洲大陆的制造业、农业或服务业扩张。因此,人口增长的积极影响多于消极影响。为了利用这些积极因素,非洲各国政府必须迅速行动起来,与私营部门、教育机构和专业团体合作,应对人口增长带来的挑战。各国政府还必须解决不同细分市场的就业问题,从而为求职者和雇主提供广泛的选择。

非洲各国及其领导人若想充分开发该地区不断增长的人口的潜力,就应该投资人力资本开发,特别是通过教育和技能培训开发女性的人力资本。这能确保她们成为有能力为自己和家人规划更好生活的决策者。这将成为整个非洲大陆的成功故事,并将证实非洲确实对商业开放。

2.个人主义在非洲的兴起如何有利于商业?

在过去,人们完全依靠彼此、政府、商业组织和家庭支持来维持收支平衡。相比之下,新非洲是先进世界的一部分,在这个世界,全球技术、教育和卫生的发展赋予了个人独立的能力。这种个人主义与日益壮大的中产阶级有关,根据非洲开发银行的数据,中产阶级包括每天消费2美元至20美元的人。

个人主义的兴起的不利之处在于,它威胁到了社群意识(sense of community)。这发生在个人社会地位的提高与非洲的经济增长同步进行之际。虽然这意味着非洲大陆的财富在增长,但也意味着贫富差距可能会进一步扩大。例如,非洲地区的财富增长也体现在南非,南非百万富翁的数量预计将从2016年的40400增加到2026年的52500,增幅达30%。与此同时,最富有的23个非洲人的总财富相当于754亿美元,而该地区13亿人的总收入为2.2万亿美元。这清楚地表明了财富分配的不均衡。

受过教育的非洲人口的增加,可以在网上和社交媒体获得的信息的增加，创造力的增强以及为争取平等机会进行的斗争，共同创造了财富和个性。这些人并不依赖政府和捐款生存。如果这种模式继续下去，它可能会将非洲带入最具创新性的人类发展和经济增长时代。凭借每月超过900亿美元（并且还在不断增长）的购买力，非洲的中产阶级是非洲大陆经济革命的关键。不断壮大的中产阶级可能是消除不平等和弥合供需差距的关键因素，这对非洲企业和投资者来说是好消息。无论是现在还是将来，个人的崛起都是非洲的一个经济亮点。

3.技术如何塑造非洲商业的未来？

在过去的三十年里，信息与通信技术改变了非洲的商业环境。经商因此变得容易了很多。大多数商业登记现在都是在线上完成的。商业应用程序和移动技术正在使交易和支付变得更容易、更便宜。简而言之，技术进步正在席卷整个非洲，创造了更多机会，并要求非洲大陆各国政府利用其产生经济收益。该区域的经济联系也导致了国际贸易和资本流动水平的提高。然而，随着该地区经济的蓬勃发展，提升经济水平较低者的地位变得日益重要，而做到这一点的最佳方式是投资和推动技术发展。

在非洲发展这些技术存在安全风险，特别是在许多用户可能不知道自身权利和责任的情况下。犯罪分子正在使用技术追踪受害者并获取高度个人化的信息。因此，监管是必要的。这要求建立地区性和全球性的监管机构，以保护公民和公司的权利。

技术是改变格局的因素，因为它创造了公平的竞争环境，并提供了平等的机会让人们通过捕获和处理信息获取利益和实现进步。英国广播公司（BBC）的菲奥娜·格雷厄姆（Fiona Graham）表示，大约80%的非洲人无法获得金融服务。随着计算机、互联网和手机使用量的迅速增长，这种情况正在逐渐改变。这也造成了移动货币和在线教育等服务的使用量出现增长。爱立信技术公司（Ericsson Technology Company）估计，非洲大陆的手机用户数量可能在2019年上升至9.3亿，这使移动货币成为更好的交易工具。这些都是促成非洲大陆经济增长的因素，微软、谷歌和国际商业机器公司（IBM）等技术巨头抓住了这些因素。例如，非洲最大的移动运营商MTN正计划利用自身的非正式预付费客户网络成为非洲最大的交易银行。该公司首席执行官罗布·舒特（Rob Shuter）在南非的德勤2018年非洲展望会议上发表讲话时称，到2021年，他计划将移动货币业务变为一项拥有6000万客户的业务。

如今，公共汽车和其他公共场所都有Wi-Fi，让人们能够与同学、同事和家人保持联系。人们还能够共享信息和进行交易。《经济学人》杂志重点介绍了技术对非洲的增长产生积极影响的例子。例子之一是微软公司如何资助信息技术公司开发一种支持广播频率的Wi-Fi系统，该系统具有覆盖整个地区的潜力，能够以手机服务提供商收费的百分之一提供Wi-Fi服务。模拟电视信号向数字电视信号的转变释放了电视频率，上述技术因此成为可能。这些举措正在帮助非洲缩小差距，努力实现2012年联合国人权理事会将接入互联网作为一项基本人权的决议。

创新技术及其好处的另一个例子是无人机——"飞驴"——的使用能够向农村和生活在偏远地区的难民运送药品和援助物资，而一个由培生集团（Pearson）部分资助的教育项目允许肯尼亚的桥梁国际学校（Bridge International Academy）使用技术支持的标准化课程，在该项目的支持下，政府每月仅需投入5美元就可以使10万名幼儿园学生得到教育。

非洲的网速可能不是世界上最快的，但非洲正在尽可能最大限度利用技术改善自身的商业环境，特别是自光纤互联网在该地区逐渐得到推广以来。随着产业以及精通技术的用户和城市生活的发展，越来越多有远见的投资者正在对非洲的技术研发进行投资。

4.利用非洲的城市化

过去70年,非洲的人口一直在增长。为了获得经济机会、教育和现代设施,许多人,特别是年轻人,正在从以农业为基础的农村转移到城市生活。根据联合国的人口预测,到2030年,超过50%的非洲人口将生活在城市。英国《卫报》(The Guardian)估计,到2050年年底,这一数字将增至62%。如图2.3和图2.4所示,这一趋势将导致农村人口从2020年起出现下降,城市人口上升到2025年。到2050年,拉各斯和金沙萨(Kinshasa)等非洲城市的人口预计将超过3000万,而达累斯萨拉姆和喀土穆(Khartoum)等城市的人口预计将超过1500万。根据联合国的数据,到2050年,超过70%的西非人口很可能会生活在城市中心。然而,东非或非洲之角①的大部分人口仍将生活在农村地区。

---

① 非洲之角,有时按照其地理位置,又称东北非洲,位于非洲东北部,是东非的一个半岛,在亚丁湾南岸,向东伸入阿拉伯海数百千米。它是非洲大陆最东的地区,包括了吉布提、埃塞俄比亚、厄立特里亚和索马里等国家,面积约188万平方千米,人口约11500万。——译者注

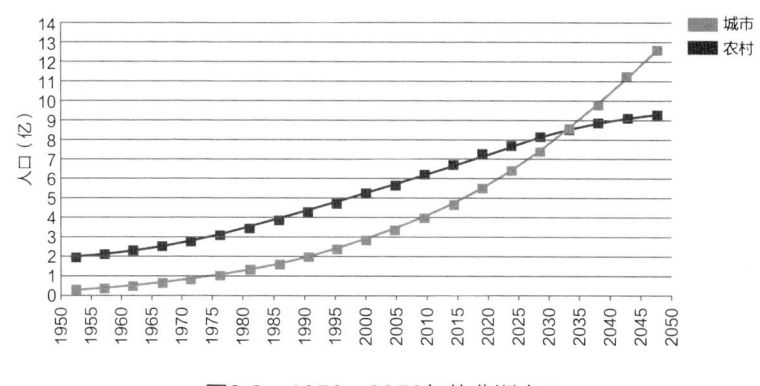

图2.3　1950—2050年的非洲人口

资料来源：联合国，2016。

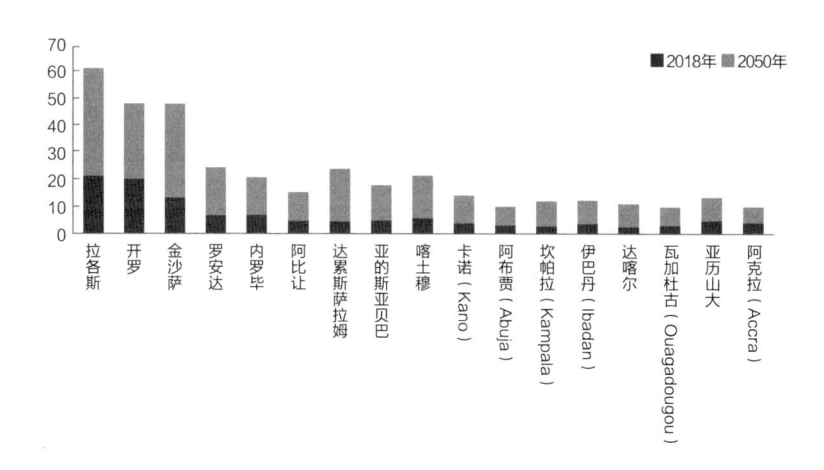

图2.4　部分非洲城市2018—2050年的预计增长率（百分比）

资料来源：联合国数据；安大略理工大学（University of Ontario Institute of Technology）。

城市化创造了显著的社会经济发展和可持续的生计，但在非洲，这一趋势正在对住房和能源方面的现有基础设施造成更大的压力。土地、水源、卫生、医疗设施、学校、交通和其他公共服务同样面临压力。受影响最大的是那些生活在贫民窟的人。随着越来越多的人从农村迁往城市中心，生活在贫民窟的人数让相关服务面临的压力也在增加。到2100年，尼日尔首都尼亚美的人口预计将从2018年的略低于100万（98万）增加到约5000万。这就要求政府进行积极主动的城市规划和发展。

如图2.5和图2.6所示，进入城市的移民正在导致非洲城市贫民窟人口增长，同时对包括水在内的资源造成了巨大压力。到2025年，大多数非洲国家将面临用水问题。南非开普敦已经出现了这个问题，由于大坝水位迅速下降，该市不得不实施严格的用水限制。2018年2月，该市居民被告知，每人每天用水量不得超过50升。缺水对企业和农业部门产生了负面影响。气候变化导致的干旱被认为是这一问题的主要原因。

水的可用性分为三个等级：水短缺（每人每年1000立方米）；可用水压力（每人每年1000至1700立方米）；以及水脆弱（每人每年1700至2500立方米）。南非、肯尼亚、埃及和吉布提被置于红色（水短缺）警戒状态，而尼日利亚、多哥、贝宁、埃塞俄比亚、加纳和莫桑比克则面临可用水压力。根据水资源研究所的数据，博茨瓦纳、纳米比亚、摩洛哥、西撒哈拉和利比亚到2040年将面临可用水压力，并处于红色状态。2050年，科特迪瓦、塞内加尔和苏丹等国将面临可用水压力。为了未雨绸缪，各国政府和投资者必须接受挑战，找到非洲用水问题的解决方案。这就要求在水利工程方面分配预算，加强水资源的管理和治理，让广大公众具备用水智慧。

■生活在贫民窟的城市人口占比

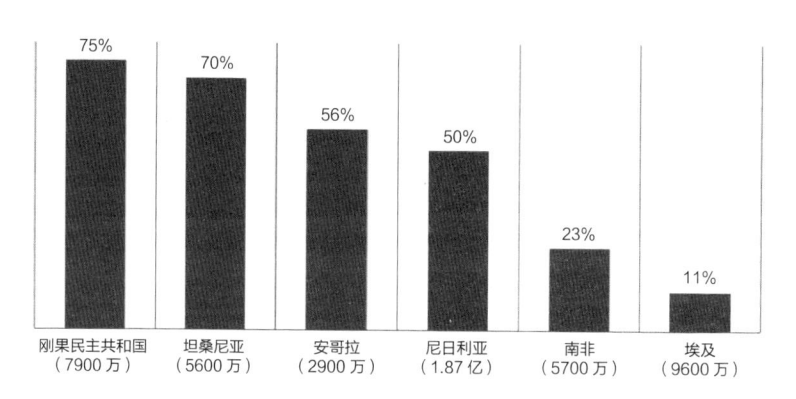

刚果民主共和国（7900万）	75%
坦桑尼亚（5600万）	70%
安哥拉（2900万）	56%
尼日利亚（1.87亿）	50%
南非（5700万）	23%
埃及（9600万）	11%

图2.5 有城市人口生活在贫民窟的六个非洲国家

资料来源：联合国人类住区规划署数据；世界银行。

虽然非洲内陆城市发展迅速，但来自非洲农村的移民对贫民窟造成了越来越大的压力。例如，在拉各斯，估计有

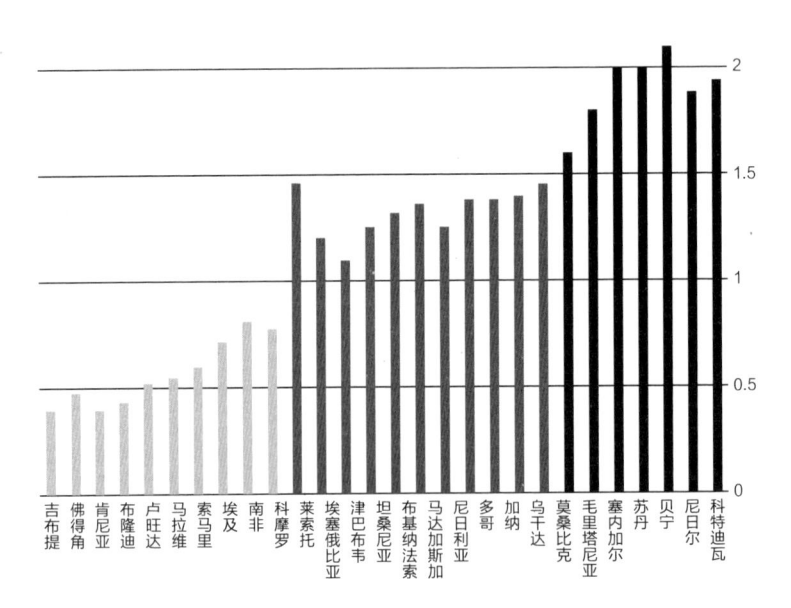

■ 水短缺（低于1000立方米/年）　■ 可用水压力（1000~1700立方米/年）
■ 水脆弱（1700~2500立方米/年）

图2.6　2025年部分非洲国家人均可用水资源预测（立方米/年）

资料来源：联合国水机制（United Nations Water）数据；联合国环境规划署；联合国开发计划署；联合国儿童基金会；联合国非洲经济委员会。

50%的居民生活在全市约200个贫民窟中。非洲的城市空间非常紧缺，迫使人们选择非正式定居点。这就是贫民窟数量增加的原因。据联合国人类住区规划署的报告估计，到2050年，非洲将有12亿人居住在城市中心。该报告还称，59%的非洲城市居民生活在贫民窟。这一趋势正迫使非洲各国政府改变经济发展政策，发展农村地区，以减缓移民速度。住宅区、医疗设施、教育机构和技术学院的建设以及微型企业和新的创业中心等为投资者提供了机会。此外，各国政府正在尽其所能为农村地区的城镇建设购物和娱乐中心。还有大量中低技能劳动力可以满足制造业、建筑业以及其他劳动密集型岗位的用工需要。非洲各国政府有责任与投资者、企业和社区建立必要的伙伴关系，以利用非洲的城市化趋势带来的真正机遇。

是时候让非洲人民和投资者共同努力，将非洲的人口动态、中产阶级的崛起、技术进步和城市化转变为经济可持续增长和转型的引擎了。为实现这一目标，非洲应对面向年轻人的技能发展培训和创收活动进行投资，特别是来自农村和城市周边社区的年轻人。对非洲来说，下一个重要步骤是通过保持竞争力来维持自身的快速增长。

非洲的经济繁荣能否持续下去？

许多非洲居民、投资者和企业仍在努力提升该地区的经济地位。同时，许多投资者、企业和企业家也在非洲快速增长的经济中实现自身财富的最大化。与投资者、商人或经济分析师谈论非洲的经济繁荣，你很可能会得到两种截然不同的看法。

悲观的看法是，由于一些国家的腐败和恐怖主义问题，非洲将在经济上更加脆弱。还有一个事实是，尼日利亚和南非这两个非洲大陆最大的经济体遭到了经济衰退的打击，并被降级为垃圾级。在审视这些问题时，我们要记住，腐败并不是非洲独有的问题，而是世界上许多国家都存在的问题。恐怖主义也是如此。事实上，世界其他地区死于恐怖主义事件的人数远远多于非洲。例如，2018年第一季度，恐怖袭击造成的死亡中有35%发生在非洲，其中约95%发生在尼日利亚、埃及、索马里和喀麦隆，而有65%发生在世界其他地区。经济与和平研究所（Institute for Economics and Peace）2017年的一份报告显示，尼日利亚死于恐怖主义的人数下降了80%。纵观尼日利亚和南非的经济，我们可以发现，尼日利亚正在逐步走出衰退，而南非也收到了一个好消息，这个好消息就是该国于2018年12月正式走出衰退，GDP增长率为2.2%。

如图2.7所示，尽管撒哈拉以南非洲的增长速度并未偏离过去20年间4.4%的年均增长率，但该图所示的增长趋势与

2016年至2017年的平均增长率峰值以及此后5%的平均经济增长率相比相对较弱。撒哈拉以南非洲2014年的人均增长率为1.9%。因此，在随后的几年里，非洲三个最大经济体的经济表现参差不齐：安哥拉增长放缓，尼日利亚增长始终强劲，南非增长则低于平均水平。其他国家如坦桑尼亚、莫桑比克和科特迪瓦等实现了强势增长，但受埃博拉疫情影响的国家由于农业、矿业和服务业的活动出现萎缩，经济急剧下滑。

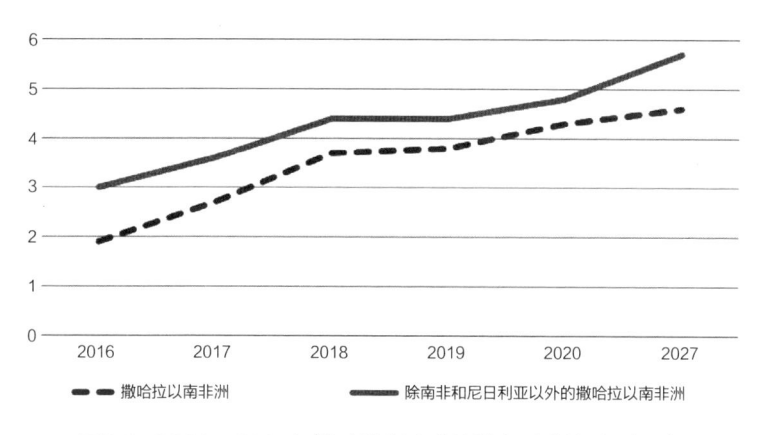

图2.7 2016—2027年撒哈拉以南非洲的经济增长率（%）

资料来源：非洲开发银行的数据；世界银行；国际货币基金组织。

好消息是，其他非洲国家的经济增长并不依赖尼日利亚和南非的经济。在没有这两个国家的情况下，非洲地区的增长远高于包容性增长。这意味着尼日利亚和南非经济增长的乏力并不会对非洲的增长产生显著影响。另一个有利因素是，非洲地区一些较小的经济体位居全球增长最快的经济体之列，未来可能拥有6%~8.5%的增长率。

支持悲观看法的事实是，非洲的经济增长可能受到石油收入下降的影响。2014年，由于油价下跌，该地区主要石油出口国的出口收入和GDP同时下降。例如，当石油售价为每桶40美元时，尼日利亚的GDP损失了7.6%，赤道几内亚的GDP则损失了近35%。未来似乎充满希望，因为油价将在2020年翻一番，达到每桶200美元，这对非洲的石油出口和整体GDP来说是个好消息。图2.8反映了非洲前十大产油国对撒哈拉以南非洲GDP的贡献百分比。

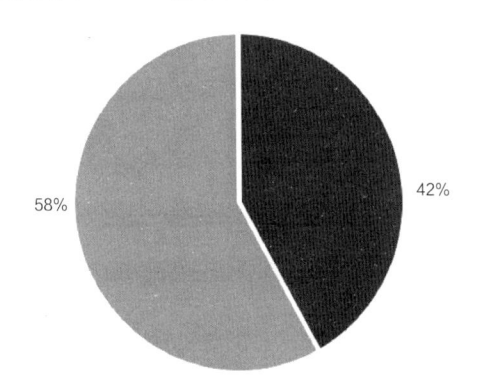

■ 非洲其他地区对GDP的贡献百分比　■ 非洲十大产油国对GDP的贡献百分比

图2.8　十大产油国对非洲GDP的贡献

资料来源：石油输出国组织的数据；世界银行；非洲开发银行。

撒哈拉以南非洲地区的经济严重依赖石油和农产品创造的出口收入。例如，在乍得、安哥拉、尼日利亚和赤道几内亚，石油占这些国家商品出口总量的近90%。就撒哈拉以南非洲的其他石油出口国而言，中非国家经济共同体成员国2018年的实际GDP平均增幅为3%。正如上一章讨论的那样，加纳等国正在增加石油产量并促进经济整体增长，减少油价下降对GDP的影响。

尽管存在种种挑战，但乐观的看法是，非洲的经济繁荣将持续下去，而且有事实为证。在对数据进行分析之后，非洲开发银行和世界银行得出结论，非洲地区的经济将以年均5%~6%的速度增长，一些非产油国的增长率将在未来10年突破6.5%的大关。此外，到2025年，非洲大陆的GDP预计达到约4.5万亿美元。非洲充满活力的国内市场的显著特点是，它经受住了数十年间前所未有的全球金融动荡。

拥有弹性外汇储备的非洲国家继续通过影响本国外汇市场来减小货币贬值的风险。研究表明，大多数非洲国家实行的是刺激经济的货币政策。必须指出的是，非洲国家通过打击通货膨胀和改进货币政策的机制加强了整体经济表现，同时确保非洲大陆的经济繁荣得以持续。苏丹和卢旺达在实施实质性措施以加强金融市场、货币政策和实地情况之间的联系方面脱颖而出。任何经济的驱动力都既有原材料，又有劳动力、土地和资本等其他生产要素。

正如非洲2016年、2017年和2018年的经济表现所表明的那样,非洲大陆的汇率和货币政策持续侧重于维持或实现商品价格的稳定。在通胀压力较低、汇率稳定的国家,政策利率似乎也较低。当市场波动得到有力控制时,这种控制将会维持经济增长和投资者的信心。博茨瓦纳、卢旺达和莫桑比克等国还试图通过中部非洲经济与货币共同体以及西非经济货币联盟等其他货币管理机构实施政策利率。根据《2015年非洲经济展望》报告,坦桑尼亚、肯尼亚和毛里求斯并未大幅降低本国的政策利率。

图2.9显示了自2013年以来政策如何帮助抑制非洲的通货膨胀。

提高非洲的就业水平仍然需要根据当前经济表现进行投资。同样,由于人口增长和城市化,对更好的基础设施和服务的需求也在增长。非洲国家正在不断改革本国的公共机构,以创造更健全的商业环境,从而为非洲大陆的经济增长和长期繁荣创造适当的刺激。专家和经济评论员提请人们注意一些指标,这些指标表明影响企业的法规和制度有所改善。加纳就是一个典型的例子,在过去的25年,该国确立的制度和法规、进行的经济改革以及成熟的民主和法治使该国的人均GDP增长了106%。在法国航空(Air France)宣

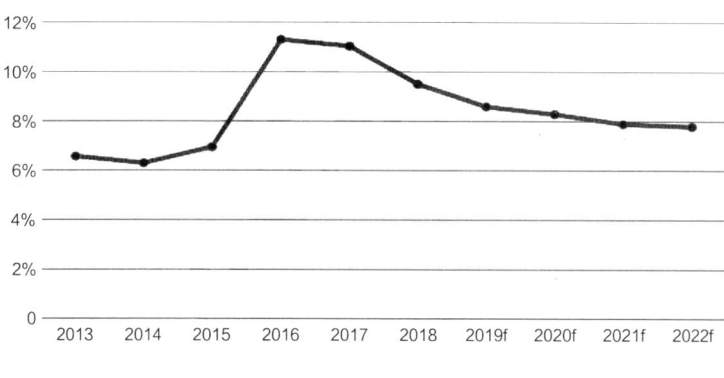

图2.9　2013—2022年非洲的通胀趋势（f指预测）

资料来源：世界银行的数据；国际货币基金组织。

布增加飞往阿克拉（Accra）的航班之际，这些稳定的社会经济条件被法国驻加纳大使弗朗索瓦·普约拉斯（François Pujolas）称为商业的避风港。

在非洲，政治参与方面的成果也十分显著。报纸头条、治理指数和专家分析都指出，自2008年以来，政治对非洲经济繁荣的影响有所改善。国际货币基金组织证实，统一的部门管理对一个国家的增长和发展起着巨大作用。因此，加强的法治使非洲人得以向本国政府施压，要求政府全面改善治理，特别是改善商业和经济增长环境。在反对党和政治活跃的公众的压力下，2017年肯尼亚的总统大选结果被最高法院宣布无效，原因据称是选举过程中存在违规行为。在非洲，公民社会、利益集团、新闻界、法院和反对党越来越多地向政府施压，要求它们履行政府职责，确保经济持续增长。

帮助非洲保持竞争力和维持经济繁荣的其他因素是商业法律和监管政策的改革。这正在改善投资者在非洲大陆的经商体验并增加外国直接投资。毛里求斯是全球30个因经商便利而受到赞誉的经济体之一，其他国家包括卢旺达、博茨瓦纳、南非、突尼斯、赞比亚和加纳。例如，卢旺达实施的各项改革节约了大约500万美元的成本并带来了4500万美元的投资，还额外创造了15000个就业岗位。量子全球研究实验室（Quantum Global Research Lab）发布的《2018年非洲投资指数》（*Africa Investment Index 2018*）将摩洛哥列为非洲最佳外国直接投资目的地，随后是埃及、阿尔及利亚、博茨瓦纳、科特迪瓦、南非和埃塞俄比亚。肯尼亚、赞比亚、加纳、塞内加尔、喀麦隆和坦桑尼亚等国的吸引力正在不断加强。根据非洲开发银行的报告，摩洛哥为非洲贡献了大约85%的外国直接投资。在该报告的其他部分，根据埃及中央银行的数据，埃及的外国直接投资净额在2014/2015财年达64亿美元，2016/2017财年达79亿美元。这些都是投资者对非洲充满信心的例子。图2.10显示2017/2018财年流入埃及的外国直接投资为100亿美元，2018/2019财年为120亿美元。

■ 2017/2018 财年（亿美元）　■ 2018/2019 财年（亿美元）

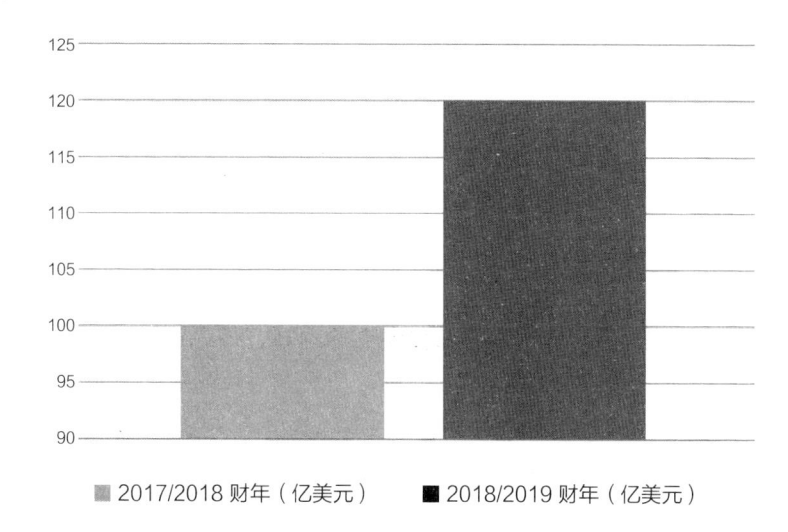

图2.10　2017—2019年进入埃及的外国直接投资

资料来源：国际货币基金组织的数据；世界银行；阿卡姆资本（Arqaam Capital），2018。

此外，非洲各国政府和非政府机构正致力于深化和扩大该地区的监管改革。2014年，在有利的商业环境方面改善最大的10个国家中，有5个来自非洲——科特迪瓦、贝宁、刚果民主共和国、多哥和塞内加尔。目前的研究证实，非洲正在开展监管和结构改革。加纳就是一个例子。该国已采取措施实施薪资制度改革，并对税务局进行现代化改造。加纳进一步整合了本国的金融管理信息系统，将财政分权纳入其中，从而有效地为本国经济增长增添了助力。其他监管改革包括区域一体化，以利用非洲的经济收益。通过共同努力以增加非洲与全球各国的交流，这些改革正在加强非洲地区的贸易和金融一体化。在非洲和欧盟寻求继续保持牢固的贸易伙伴关系之际，非洲—欧盟伙伴关系、三方自由贸易区和非洲区域集团正在显著扩大非洲的市场规模并产生规模经济效应。作为非洲最大的自由贸易区——从埃及的开罗一直到南非的开普敦——三方自由贸易区包括26个非洲国家。通过这种方式，非洲大陆得以消除国家之间的贸易边界和障碍，改善区域贸易条件并吸引跨境基础设施投资。最终非洲市场得以扩大，该地区的工业和制造业产出得到改善，非洲的宏观经济也得以保持稳定。

第三章

非洲经贸地位面临的真正考验

在过去50年里，随着非洲各国从殖民统治走向独立，非洲经历了长期政治动荡。一些斗争中的英雄一掌权就成了独裁者，拒绝赋予他们的人民为之奋斗的自由。独裁导致自然资源分配不公、社区边缘化、政治分裂和权力失衡。投资者的另一个重大担忧是腐败。当政治和企业的掌权者存在腐败行径时，非洲普通民众和企业将会遭殃。

非洲的非正规贸易被错误地视为对经商的威胁。许多人认为，由于非正规贸易不受监管，它的存在损害了正规商业。这种看法与事实大相径庭。非正规贸易通过与非正规交易者建立伙伴关系，将商品和服务从供应方向消费方转移，提供了一个供投资者开发的巨大市场。在非洲，非正规贸易是最大的就业领域，这就是为什么各国政府必须尽其所能改善该非正规贸易。

非洲的政治环境是对商业的威胁吗？

滥用权力、发展不平等、地方性贫困、疾病、持续的暴力和操纵行为是非洲大陆的政治和经济稳定面临的最大障碍。由于历史上的不公正和压迫性政权，许多非洲国家至今仍在与这些问题做斗争。如前所述，一些国家的独裁者只是在继续殖民政府的行径。正是由于这些不公正，许多非洲人才对他们的领导人感到不满。这些政权中大多数执政时间超过20年，这剥夺了有能力的领导人为人民服务的机会。而且，压迫性结构愈演愈烈。在压迫性政权的鼎盛时期，地方政府（在联邦制政权体系）和司法系统等体系丧失了独立性，被置于国家政府的控制之下，导致权力完全集中，公正受到损害。

当从属、分裂和歧视的政治占据主导地位时，社会各部分之间的差距和贫富不平等就会扩大。大部分公民只能争夺剩余的稀缺资源，他们将此视为一种社会不公。财富分配不均还会引发部落间的竞争，如果不加以遏制，这种竞争可能会恶化为国内冲突。非洲政治环境中的失败和偏见体现在执政党的制度框架上，这些执政党试图只将服务提供给支持它们并通过选举让它们上台的民众和社区。

造成非洲大陆政治不稳定的罪魁祸首是内部因素，而不是外部因素或力量。外部因素在很大程度上受到国际社会某些成员的经济利益影响，而内部因素则受到滥用权力的贪婪政府以及助长部落动荡和民事骚乱的居民和机构的影响。不幸的是，一些国际企业和投资者与腐败的非洲政府官员勾结，破坏本应保护企业、投资者和社会的制度框架。毫无疑问，非洲大陆的自然资源吸引了大量国际企业和投资者。要确保非洲的文化、环境和未来以及投资者的投资安全得到保护，就必须进行合法的交易。应对造成非洲政治不稳定的各种内部力量十分重要。

1.领导力问题

非洲在领导力方面的失败一直是整个非洲大陆和全世界讨论的话题。非洲人很清楚导致领导和治理不力的原因，以及领导和治理不力如何影响整体政治和经济环境。

自后殖民政府在非洲成立以来，政治权力高度集中，多元主义受到压制，这导致领导力出现问题。一些曾经被誉为英雄和解放者的人很快就开始压迫他们本应保护的人民。这导致了新殖民主义者和腐败领导人的出现，并产生了脆弱的政治体制。

然而，我们也必须承认，有些领导人心系非洲人民和非洲大陆的最佳利益，他们正在为实现经济自由、赋权以及免费教育和保健不懈努力。2015年12月，世界卫生组织非洲地区主任马希迪索·莫埃蒂（Matshidiso Moeti）博士在第二届国际全民健康覆盖日庆祝活动上发表演讲时表示："300多位经济学家最近签署了一项宣言，呼吁将全民健康覆盖作为减少极端贫困和推动经济增长的一种方式。"莫埃蒂博士就是具有这种领袖才能的典范,她承诺将全民健康覆盖作为她在世卫组织任职期间的首要任务。已故加纳外交官和联合国前秘书长科菲·安南是另一位在非洲大陆和世界各地为真正的领导力和责任感奋斗的领袖,而坦桑尼亚总统约翰·马古富利正致力于打击他政府中的腐败。

在私营行业中,苏丹裔英国电信企业家、慈善家兼亿万富翁莫·易卜拉欣(Mo Ibrahim)于2006年成立莫·易卜拉欣基金会,通过易卜拉欣非洲国家治理指数、易卜拉欣非洲领袖成就奖、易卜拉欣领袖奖学金和易卜拉欣奖学金等举措表彰非洲领导力和良好治理方面的卓越表现。在尼日利亚,经济学家、企业家兼慈善家托尼·奥尼马奇·埃鲁梅鲁(Tony Onyemaechi Elumelu)正在影响非洲的创业进程。于2015年启动的托尼·埃鲁梅鲁基金会创业计划是非洲地区致力于培养和支持企业家的最大慈善倡议。通过一个十年战略和1亿美元的投资,该计划旨在给1万名非洲企业家赋能,创造100万个就业岗位,并为非洲经济增加100亿美元收入。

这些以及许多其他非洲领导人为非洲大陆的发展做出的贡献都值得赞扬。

2.资源分配不均

大多数非洲国家都拥有丰富的自然资源,但一个国家的公民能否从这些资源中受益却是一个愈发重要的问题。

如果自然资源和人力资本得到良好的管理和维护，非洲就有潜力养活自身的人口，但资源分配不均导致社会发展不均衡，社会阶层差距不断扩大。发展不均衡导致很大一部分人口难以获得体面的教育和医疗。贫穷、疾病和暴力接踵而至。当人们被边缘化并感到被无能和腐败的政府利用时，他们就会表达自己的不满（有时会通过暴力手段），从而威胁社会和平与经济稳定。

在资源分配上偏袒某些族群也有可能导致暴力。非洲人对他们选举上台的领导人寄予厚望。当腐败、贪污和分裂政治等不当行为导致不信任时，怨恨随之而来。这让人们认为他们必须通过任何必要手段来阻止权力的滥用，这将导致冲突和暴力，并破坏民主的根本目标。某些非洲国家一次又一次地重复这一循环。通过多样化、能力建设和创收，自然资源的有效利用可以显著提高一个国家的经济增长。当非洲各国政府将自然资源收入再投资于其他领域（包括培养年轻人和弱势群体技能的行业）时，经济就会增长，民众也会受益。博茨瓦纳就是一个很好的例子。作为世界上最大的钻石生产国，它已经能够利用钻石产生的收入将自己转变为中等收入国家，实行更好的教育、低税率以及良好的贸易和治理政策，从而建立强健的民主制度，并通过良好的医疗服务延长公民的预期寿命。总体而言，博茨瓦纳实现了良好的经济管理和经商便利性。

3.不利的政治体系

非洲大多数的政治体系都源于殖民主义。许多非洲国家采用前殖民统治者的政治制度来管理拥有不同治理传统的人民。正式宪法的理念源于西方的政府模式。

殖民主义存在几个世纪之后，非洲国家继续通过改革寻求重大的政治变革，这种改革寻求适合人民的更好的宪法框架，即政治文化宪法。过去几十年的政治变革是通过全民公投进行的，全民公投是为了实现积极的政治转变。不可否认，以人民为中心的政府提供了有利于发展和经济增长的稳定政治环境。不幸的是，一些被采用或被创造的政治制度并不符合人们的期望。其中一些制度在资源分配和治理条件方面只有利于政治精英。

大多数非洲国家存在的另一个问题是政府雇员数量过多，其中一些人不称职、不合格。这导致公共支出膨胀，增加了普通纳税人的负担。

大多数非洲国家实行的赢家通吃的政治制度必须结束，并为包容性治理让路。任何政治进程都需要通过接触和对话实现良好的代表性和大众参与。尊重人民和法治的国家正在实现经济发展，例如博茨瓦纳、加纳、毛里求斯、卢旺达和坦桑尼亚。这些国家正在对非洲大陆的经济和民主产生积极影响。

4.缺乏适当的政策制定

政策的制定和实施对一个国家的政治和经济环境具有重大影响。缺乏连贯一致的政策制定有时会导致政治不稳定和经济倒退。在严格的规则和政治禁令强加于人的情况下，政治紧张就会爆发。在一些国家，政策的一致性也存在问题。这是因为政策随着政府、体制或角色的变化而变化。一些非洲国家的政府不愿制定长期的全国性和制度性政策，而是倾向于制定获得短期政治功绩的政策。政府、反对党、公民社会和企业是时候为了稳定、持续和经济增长而共同制定政策了。

民众通过面对政治转向或威胁时所做的选择来确定自己的未来。政府政策影响一个国家的社会、经济和政治结构。为了避免政府和人民之间的冲突，需要避免侵犯人权的行为，因为这种行为可能导致政治动荡。

避免这些情况需要每个人都发挥自己的作用。人权活动人士、政府、非政府组织、媒体、公民社会、商业和传统领袖都有责任捍卫这样的政策：不仅致力于保护财富和财产，而且致力于在维护穷人尊严的同时提高他们的地位。这些政策有助于产生最佳结果并促进有利于投资的商业环境。这创造了良性竞争，并激励更多国家开始积极的政策和监管改革。非洲的区域经济共同体在以下方面起到了重要作用：制定政策和改革措施，以确保区域自由贸易区等倡议成为可行的国家经济解放工具。区域自由贸易区被认为是自世界贸易组织成立以来世界上最大的自由贸易区。

为什么政治不稳定可能不会影响非洲的商业和投资？

非洲大陆的政治不稳定被视为对企业和投资者的威胁，这是可以理解的。然而，抗议行动等孤立事件有时却被描述成非洲大陆的总体不稳定。当这些事件发生时，人们往往以偏概全，不去调查这些事件是否对他们的品牌构成威胁，或者事实上可能带来商机，同时缓解不稳定带来的挑战。在大多数情况下，政治不稳定对商业的影响是相对的。这取决于个人对风险水平的判断。为了将与政治不稳定相关的负面影响降至最低，非洲各国政府已开始实施媒体战略并严于用权，以减少政治威胁对稳定的影响并防止骚乱。

尽管这种做法看起来十分积极主动，但政府有时会感到恐慌，并使用不必要的严厉措施遏制骚乱或抗议活动。这其至可能导致人权遭到侵犯。

非洲各国政府和普通民众都知道政治环境混乱和不稳定的影响——这种影响导致市场不安全，而市场不安全往往会吓跑投资者。因此，政府采取了一切措施防止这种情况发生。政府和投资者对感知的经济动荡做出的反应通常短期内就会在股市和货币市场中出现成效。从中长期来看，市场会反弹，企业和投资会有不错的增长，回报率甚至会更高。

尽管经济波动可能会因投资者被吓跑而对企业税产生负面影响，但非洲地区零星的政治不稳定对一个国家的经济发展轨迹鲜有或根本没有长期影响。这是朗罗矿业（Lonrho）首席执行官罗兰德·狄可为（Roland Decorvet）在2016年8月20日接受英国广播公司《非洲商业报道》（*Africa Business Report*）栏目采访时表达的观点。他在回答有关非洲的政治不稳定和恐怖活动是否对该地区的投资和企业构成风险的问题时表示：

它们并未对该地区的投资和企业构成风险……如果你真的仅仅基于这些威胁做投资决定，那么你也不应该在欧洲投资。最近，欧洲因政治不稳定和恐怖活动导致的伤亡人数多于非洲。因此，（在非洲的企业）不会受到任何影响。

留下来的企业和投资者会继续多样化他们的投资。他们看到并填补了其他企业和投资者未能认识到的空白。随着非洲的人口、基础设施和经济的增长，他们也看到了新的机遇。

企业受法律和政策管制，这些法律和政策旨在保护消费者和企业免受权力虐待、犯罪、损失和权力滥用的侵害。如果执行得当，法律和政策就会为促进经济增长提供适当的条件。无论政治话语采取何种形式或方向，包括保护企业和投资在内的经过深思熟虑的政策都应是政府议程中的首要任务。如果政府想要保护不断增长的经济、就业岗位和年轻人的未来，那么这是至关重要的。修订旨在保护投资者资产和消费者权利的商业法律将是一个良好的开端。

1.消除不利的税收法律和政策

不稳定的政治环境使投资者面临剥削性税收制度的威胁，这种制度让他们的商业活动代价高昂。造成这种情况的原因之一是，腐败的政府想要筹集资金维持自己的执政期。当投资者成为易受攻击的目标时，特别是当他们被认为站在政治反对派一边时，剥削的情况就会出现。

应当承认，在任何经济体中，政府在制定财政和货币政策方面都发挥着根本作用。这些财政和货币政策在很大程度上决定了经济的发展方向。然而，如果财政政策被用来提高企业税，而不是减少不必要的政府支出，那么这一政策将不会创造具有吸引力的投资环境，这反过来又会影响经济增长。非洲各国政府知道失去投资会产生何种影响，因此提供了减税等企业激励措施。例如，自2011年以来，博茨瓦纳的企业税一直保持在22%，而南非的企业税从2012年的34.55%下降到28%。再往北，利比亚的企业税率为8年来最低的20%。累进税法对经济增长和转型至关重要，因为它们为企业提供财政救济，使它们得以进一步扩大自己的投资领域。

2.提升投资者的信心

政治稳定对消费者和投资者的信心具有直接影响。政治稳定促进经济增长，并保证了更好的投资回报。政治稳定的国家通常会进行改革并提供对投资者具有吸引力的条例和政策。博茨瓦纳、加纳、南非、毛里求斯、坦桑尼亚、科特迪瓦、赞比亚和塞内加尔便是其中一些例子。

政治稳定是经济增长的前提，对投资和企业增长来说尤其如此。这就是为什么非洲各国政府正在倡导鼓励投资和有助于经济增长的商业友好型政策。

非洲大陆不断变化的政治和商业面貌

公民、公民社会组织和倡导团体有力、高效的行动有助于稳定政治制度。在许多情况下，这些团体能够战胜滥用职权的政治制度。

普通非洲选民正在投票支持政府提供服务。当提供服务的承诺无法兑现时，选民就会对他们曾经信任的当权派失去信心。在政府被视为软弱和不可信任的情况下，它们通常会因选举失利而下台。

有一种观点认为非洲的政治环境无法维持非洲与世界其他地区的商业互动，与这一观点相反的是，非洲大陆已经成为许多投资者和企业的商业中心。由于许多非洲国家进行了转型改革，非洲的政变处于历史最低水平。非洲的政治环境和商业增长呈现出积极的趋势。对于外国投资者和企业家来说，非洲大陆的许多地区现在都是新兴市场。

在非洲联盟——该地区民主的守护者——的不懈支持下，许多非洲国家正在摒弃独裁统治，转而支持民主，以及公众参与国家事务。向更加民主的政府形式的过渡正在影响非洲大陆的政局。这一变化正在吸引世界各地的投资者和企业。一个令人钦佩的例子是利比里亚70多年来首次实行了经民主选举产生的领导人之间的权力交接。2018年1月，非洲首位民选女性国家元首埃伦·约翰逊·瑟利夫（Ellen Johnson Sirleaf）将权力和平移交给了国际足坛传奇人物乔治·维阿①（George Weah）。因为政府和公民保护法治完整性的决心，我们将继续看到民主在非洲发挥作用。

事实上，研究和经验表明，非洲拥有充足的资源，如果管理得当，这些资源可以改变整整一代人的命运。非洲各国政府有责任确保非洲的政治环境继续有利于投资者向该地区投资。投资者和企业可以通过挖掘非洲的资源潜力（包括制造业）帮助非洲发展。

非洲的腐败会如何威胁商业？

腐败是世界上许多国家面临的主要挑战之一。腐败是发展和道德领导（ethical leadership）的主要障碍。除对政治和

---

① 乔治·维阿1966年出生于利比里亚。球员时代司职前锋，曾在意大利AC米兰等世界顶级足球俱乐部效力，并成长为世界级球星。维阿先后获得了欧洲足球先生（1995年金球奖）、世界足球先生（1995年）和两届非洲足球先生（1989年、1994年）。他被誉为非洲球员的典范。乔治·维阿退役后选择从政。2014年，维阿当选利比里亚参议员，为自己参加2017年总统竞选打下了良好基础。——译者注

经济环境的影响外，腐败还会对每个国家的社会和文化结构产生巨大的影响。全社会都能感受到腐败的后果。

人们如何定义腐败？根据透明国际（Transparency International）的定义，腐败就是"滥用受托权力谋取私利"。非洲委员会将腐败描述为一种破坏发展和良政的弊病。根据资源损失的规模和腐败发生的部门，腐败可以分为两大类：政治腐败和公共腐败。政治腐败是指以大众利益为代价使政府领导人受益。公共腐败是指公共领域的个人在提供商品和服务时滥用权力以牟取私利。

要想与其他大陆平等竞争，非洲大陆还有更长的路要走。各种研究表明，非洲在识字水平、有效的医疗系统和人均收入方面落后于其他大陆。统计数据显示，非洲有很大一部分人每天的生活费低于1美元。与世界其他地区相比，各项社会指标也将非洲排在底部。这种情况的原因是什么？根据透明国际的腐败感知指数（Corruption Perceptions Index），罪魁祸首是腐败，其次是治理不善。

1.腐败的表现形式

有些人认为，腐败是一种没有受害者的犯罪，因为它不会对特定个人产生影响。然而，实证和非实证研究表明，腐败与经济和人的发展存在联系。腐败导致资源分配不均，影响投资，降低公共资金的生产力，并对基础设施和医疗与教育等公共服务产生不利影响。此外，腐败破坏了良好的治理，助长了扭曲的民主，并降低了一个国家的收入基准。

腐败对GDP的增长有着巨大影响。即使腐败水平出现最低幅度的增加也会阻碍GDP的增长，并使人均收入大幅下降。各种估计显示，非洲每年都会因腐败而蒙受损失，这些腐败削弱了非洲的经济竞争力。半岛电视台（Al Jazeera）2017年的报告《非洲不穷，我们正在窃取它的财富》（Africa is not poor, we are stealing its wealth）披露，由于政府和跨国公司串通逃税，非洲每年损失超过680亿美元，并让贫穷的非洲人承受后果。其中最主要的腐败活动是将资金从一个国家非法转移到另一个国家。贸易错误定价（mispricing），亦称转移定价（transfer pricing），是另一种企业从事的腐败活动。它通过增加在高税收国家的支出或夸大对外国账户的付款金额来逃税，目的是将纳税额降至最低，这减少了企业所在国的收入。莫·易卜拉欣总结道："每一个腐败的非洲领导人背后都有一群腐败的商人。"

如果有机会，腐败就会在个人和个人之间或组织和组织之间传播。腐败在很大程度上受到经济、政治和社会文化环境的影响。可以确定的原因包括领导不力、政治分裂、政治框架薄弱、缺乏问责、缺乏透明度、虚假陈述、裙带关系和司法系统脆弱等。

在所有这些因素中，单单领导不力就会导致和助长腐败。某些非洲国家的领导不力可被视为该地区腐败的根源。今天，一些通过不道德手段巩固权力的非洲领导人继续延续着新殖民主义并进行公共剥削。当裙带关系、种族偏袒和种族主义等弊病占据上风时，国家的资源分配将成为一个问题。当公共和私营部门的掌权者滥用这种权力，牺牲普通非洲人的利益来积累财富时，贪婪就出现了。治理不善与地方性贫困相伴而生并非巧合。

2.腐败在非洲的影响

腐败直接或间接地影响着人们。无论是公务员还是私人的腐败都有能力导致经济损失，造成痛苦，剥夺人民的自由，甚至夺走生命。这些影响在包括非洲在内的大多数发展中国家都显而易见。腐败是经济发展的敌人，它削弱民主制度，是对社会秩序和公众信任的一大威胁。一般来说，当社会存在腐败时，罢工、通货膨胀或货币脆弱，以及犯罪、恐怖活动和普遍的不安全感也随之而来。

当腐败抬头时，它会阻碍外国投资，损害行政表现，破坏政府的制度框架，使社会人才外流，颠覆民主，侵蚀道德价值观，并通过资源剥削而加剧人民对政府的依赖度，扭曲公共支出。此外，腐败会使企业发展受到抑制，环境恶化，失业率上升，社会问题加剧。

各国政府需要为自身预算提供资金以完成自身义务，而腐败加剧了税收问题。有收入者面临高税收的风险，并可能通过避税甚至逃税来寻求缓解，这反过来又影响了政府的收入。这会影响各国的国际竞争力。腐败还会扭曲地方政策并影响一个国家的整体发展。

每每提及腐败的影响，非洲都是一个参照点，因为腐败的影响在非洲着实突出。在非洲，腐败已经影响了公共福利。公共服务没有在重要的领域得到有效的管理。腐败夺走了很大一部分公共支出，导致基础教育和医疗服务得到的重视程度很低。受害最深的是依赖政府资金提供的这些服务的低收入群体。由于未受教育者数量的增加、高辍学率以及依赖的一代的社会体系，缺乏教育造成了一种社会真空。此外，缺乏基本医疗也可能导致更高的婴儿死亡率。虽然对非洲大陆进行剥削的是腐败的官员、投资者和企业，但受害的却是普通民众。

腐败导致人权遭到侵犯。人权的基础是人的尊严和基本生存标准。自由、平等、和平与正义构成了这些基本生存标准的一部分。此外，各国的发展目标只有将人权和正义考虑在内才有可能实现。

此外，腐败损害了服务系统，使政府无法履行向人民提供基本服务的职责。由于官员的腐败行为，依赖商品供应的个人、机构和企业在获取这些商品时遭遇了困难。一个典型的例子是，由于进口商理直气壮地拒绝行贿，货物被扣留在了港口。

如果不根除腐败，腐败将削弱社会结构，公民的生计以及享受善政的权利都会受到影响。当一个社会发现自己被腐败控制时，民主将岌岌可危。这将进一步威胁到企业和投资项目。公开、透明和新闻自由都将变得脆弱不堪。如果腐败不受到遏制，它可能就会阻碍一个国家的发展，摧毁该国的繁荣。

腐败不仅是非洲的问题，也是一个全球性问题。回顾非洲的严格传统和习惯规则的历史，一些人认为腐败是长久以来习得的行为；一些非洲人则认为，腐败是从外部输入非洲并在非洲发展起来的。尽管腐败是一个全球性的挑战，但在非洲大陆和其他发展中国家，腐败的影响似乎被放大了。

透明国际2015年对28个撒哈拉以南非洲国家的43143人进行的调查显示，大约有7500万18岁及以上的成年人曾在过去一年中行贿。2017年11月发布的《南非公民行贿调查》（South African Citizens' Bribery Survey）发现，避免交通罚款是该国第一大腐败行为，比例高达39%。南非道德研究所（THE ETHICS INSTITUTE）透露，在来自豪登省（Gauteng）、夸祖鲁-纳塔尔省（KwaZulu-Natal）、西开普省（Western Cape）、林波波省（Limpopo）和自由邦省（Free State）的4962名受访者中，有37%的受访者称他们认识的人曾遭索贿。有35%的受访者拒绝行贿，其中47%的受访者因为道德或宗教的约束拒绝行贿。平均行贿金额估计在120美元至6500美元，从为免除交通罚款到为赢得投标而行贿，行贿的范围极广。就在非洲进行贿赂和腐败的频率而言，与非洲穷人相比，政府官员、法院官员、警察和富人尤甚。

图3.1显示了非洲几个最腐败的国家。公共部门腐败的感知水平按从0（高度腐败）到100（非常廉洁）的等级进行打分。

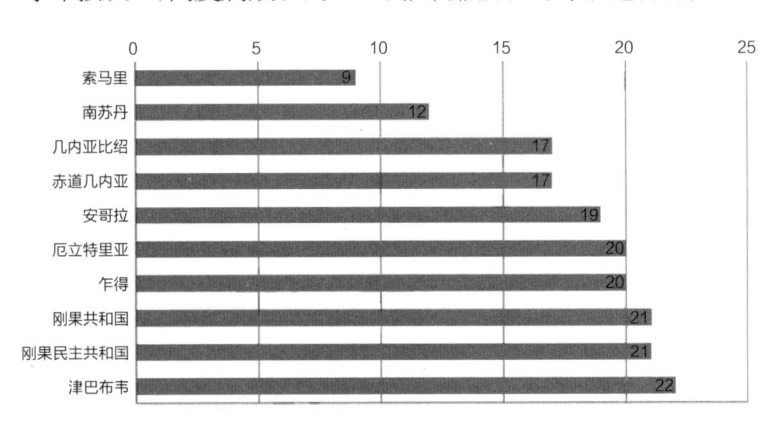

国家	2017年腐败感知得分
索马里	9
南苏丹	12
几内亚比绍	17
赤道几内亚	17
安哥拉	19
厄立特里亚	20
乍得	20
刚果共和国	21
刚果民主共和国	21
津巴布韦	22

图3.1　被认为最腐败的十个非洲国家

资料来源：透明国际的数据。

3.非洲正在打击腐败

并非所有非洲国家都被视为高度腐败。图3.2是透明国际2015年统计的"全球腐败晴雨表",根据该统计,32%的撒哈拉以南非洲受访者认为,他们的政府在打击腐败方面表现出色。在毛里求斯和博茨瓦纳,只有1%的受访者承认曾经以公共服务使用者的身份行贿。这些统计数字与有效预防腐败的发达国家的统计数字相当。在博茨瓦纳,有54%的受访者认为政府正在打击腐败,同时有超过70%的受访者认为公民可以成为反腐斗士。除了腐败水平低之外,博茨瓦纳还是非洲最富有的国家之一,人均年收入达17000美元。

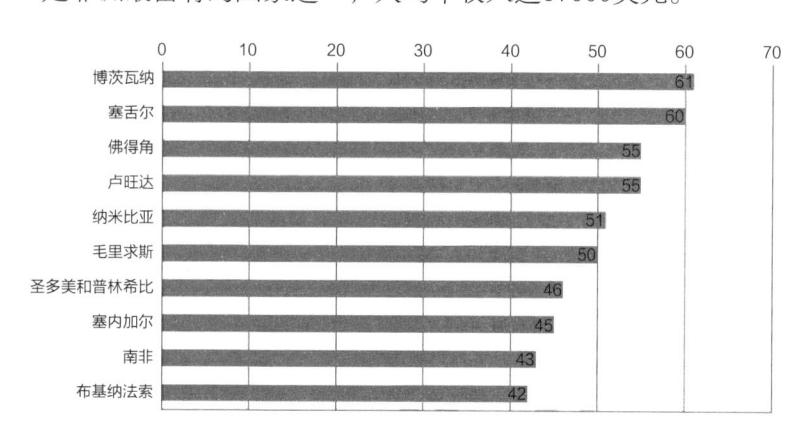

国家	2017年腐败感知得分
博茨瓦纳	61
塞舌尔	60
佛得角	55
卢旺达	55
纳米比亚	51
毛里求斯	50
圣多美和普林希比	46
塞内加尔	45
南非	43
布基纳法索	42

■ 2017年腐败感知得分

图3.2 被认为最廉洁的十个非洲国家

资料来源:透明国际的数据。

知道非洲国家正在打击腐败令投资人备受鼓舞。例如，美国公司奥氏资本管理集团（Och-Ziff Capital Management Group）被罚款超过4亿美元，原因是涉嫌行贿以影响非洲国家政府高级官员任免，并通过行贿在利比亚、乍得、尼日尔、几内亚和刚果民主共和国获得采矿权。受贿不仅仅是接受贿赂，它还关系到一个人的长期诚信情况。五届南非马术冠军马克·汗（Mark Khan）总结道："一旦你因腐败出卖并玷污了自己的名声，你将再也买不回自己的名声。"

因此，当务之急是每个人都要为铲除非洲大陆和世界各地的腐败发挥自己的作用。非洲人民与投资者和企业携手合作，将使该地区摆脱腐败，并确保日常交易光明正大地进行。

令人鼓舞的是，"采掘业透明度倡议"（Extractive Industries Transparency Initiative）的51个签署国中有24个来自非洲。这有助于非洲大陆提高采掘业的透明度和责任制水平，使自然资源的收益最大化，以造福所有公民。此外，开放政府伙伴关系（Open Government Partnership）的70个成员国中有10个来自非洲，即塞拉利昂、利比里亚、科特迪瓦、加纳、布基纳法索、尼日利亚、突尼斯、肯尼亚、马拉维和南非。开放政府伙伴关系倡议于2011年由时任美国总统贝拉克·奥巴马与多位国家元首和公民社会合作发起，旨在提高政府的透明度、问责水平和对公民需求的响应能力。

博茨瓦纳、佛得角、科特迪瓦、卢旺达和塞内加尔对反腐败机制的长期投入也在收获成效。这些国家已将机构透明度和合规性置于反腐议程的首位，并为举报人设立了专门的热线电话。为根除腐败和促进善政而奋斗的非洲国家必须获得赞扬。非洲各国政府必须向公众开放招标和合同过程，从而提高透明度。非洲联盟也做出不懈努力确保将腐败降至历史最低水平，以及确保善政和政治稳定成为首要任务。非洲联盟将2018年定为"赢得反腐斗争：非洲转型的可持续道路"之年。通过共同努力，我们都可以在打击腐败方面发挥作用，确保腐败不再对非洲大陆的商业构成威胁。

非正规贸易是非洲商业的威胁吗？

非洲大陆有许多非正规交易者和街头小贩。大多数非洲国家依靠非正规贸易维持本国经济。相当大一部分人依靠非正规贸易收入养家糊口和供子女完成学业，但非正规贸易的特点是缺乏工人福利和社会保护以及运作框架不明确。

非正规贸易没有明确的法律代表或组织，因此没有法律义务。这使非正规贸易有可能出现虐待和剥削等情况，而政府很少或根本不会对虐待或剥削加以控制。尽管如此，少数非正规经营者组织良好，并拥有政治人脉。其中一些经营者要么接受过某种形式的教育，要么有受过教育的亲戚帮助他们将生意正规化。

统计数据显示，发展中国家的大多数非洲人严重依赖非正规贸易。大多数家庭都参与了非正规贸易或从小型贸易或非正规企业中获利，这些家庭主要位于城市中心。其中包括向司机、乘客和行人出售商品的街头小贩。这些商贩面向一天中不同时间高度集中于各种公共场所的人群销售自己的商品。一些商贩使用便携工具展示自己的商品。其他商贩则来回走动，把货物顶在头上或扛在肩膀上、提在手中或背在背上。货物有时被挂在树上、栅栏上和墙上。很少有卖家使用摊位，也没有任何供个人使用的特定交易地点。商品被从一个地点交易到另一个地点，从城市交易到小城镇和郊区。这些商品包括报纸、电器、汽车零部件、美容产品、文具、杂货、二手服装和餐具。非洲大多数城市提供的最常见的服务包括擦鞋、修理、园艺、垃圾收集、家务活、运输、美发、理发、砖石工和安保。

通过这种贸易形式销售的商品和服务的数量不详。这是因为缺少来自商贩的记录。没有人会在特定时间计算交易的收入或支出，除非有受过教育的亲戚帮助他们。因此，政府对它们的数量或进出非正规市场的货物很少或根本没有统计或记录。这给各国政府、正规部门和非正规交易者都带来了挑战。

1.非正规交易者面临的挑战

在进行非正规贸易时，街头小贩等工作者遇到了一些挑战。他们经常要在恶劣的气候条件下工作，这不仅不利于他们的健康，还可能缩短他们产品的保质期。一些小贩可能会蒙受损失，可能受到老板或债权人的虐待，特别是涉及易腐商品时，如水果和蔬菜等。这些商品很容易变质，令商人遭受损失。由于缺乏法律保护，街头小贩还面临着政府驱逐。缺少交易许可证可能使他们面临市政局的重罚。

为了在城市中心经营，商贩们往往需要每日缴纳费用。鉴于交易回报往往十分微薄，收入中的大部分被用于维持家庭生计，而不是支付规定的许可证费用，这些费用对商贩们而言是高昂的。那些没有交易许可证的商人经常面临骚扰，最终会失去他们的商品和其他资本货物，被迫停止交易。遗憾的是，针对商贩的人身攻击十分普遍，商贩们还面临被咒骂攻击和货物遭没收的情况。

除了受到城区和市政局的骚扰外，安全也是一个问题。有组织的帮派和不诚实的顾客会抢劫商贩。一些年轻的女孩和男孩甚至在他们睡到街上看守自己的货物时或因为在进货地点无家可归而遭到强奸。由于许多非正规交易者是非法经营的，他们认为自己没有依靠或保护。人权活动人士偶尔会进行干预，但这种干预的通常形式是谴责针对商贩的犯罪行为，而不是永久性地解决问题。然而，非洲在正规化贸易和保护非正规交易者及其对社会和商业的贡献方面正在取得一些进展。2018年3月，南非纳尔逊·曼德拉湾市的二十多名非正规交易者获得了时任执行市长阿索尔·特罗利普（Athol Trollip）颁发的许可证。鉴于非正规贸易带给非洲的经济价值，各国政府不仅应尽最大努力对该部门进行管理，还应通过立法保护非正规交易者及其商业活动。

2.通过非正规贸易在非洲经商的可为与不可为

对非正规贸易而言，关系是关键。大多数商业交易都是通过关系进行的。与客户建立良好的关系是建立品牌忠诚度的关键因素。做到这一点的一种方法是在社区中设立当地代理商。这些代理商不仅将成为投资者和企业与客户互动的渠道，还将成为社区中的有形存在。这有助于提高品牌的知名度。

由于大多数非正规交易者要么是文盲，要么几乎没有受过教育，因此语言的选择就显得至关重要。可取的做法是在广告或标识中使用简短、易于理解的信息和口号。如果有可能，就请混合使用众所周知的当地方言和全国性或通用的贸易语言，如英语、法语、葡萄牙语或斯瓦希里语。尽管大多数非正规交易者可能是文盲，但这并不意味着他们对自己的交易一无所知。他们是聪明的商人，对自己销售的东西了如指掌。

非正规贸易喜欢并很好地完成了本地化的品牌塑造（即将品牌塑造融入当地情况）。这可能包括使用国徽或国旗或来自通用方言的口语短语，也可以使用表示民族自豪感的语句，如"骄傲的南非人"。在国内制造并盖上"……制造"的印章，更能表明这是一个本土品牌。当地形象在这类品牌塑造行为中也很有用，在广告中使用当地名人很受欢迎。然而，当使用名人作为品牌大使时，商家应该谨慎行事，因为卷入任何形式的丑闻都可能损害名人的声誉，并导致品牌受损。也可定制工作装，并添加每个国家特有的本地色彩。如此一来，市场会对品牌和产品产生认同感。应确保广告语简短精练、朗朗上口。避免可能冒犯特定种族的广告语或广告内容。

包装很重要。在针对非正规贸易时，应避免使用正式的颜色。把来自特定部落或文化的传统色彩与一种共同的贸易语言融合在一起将达到想要的结果。此外，包装应便于储存，因为大多数非洲房屋没有空余的房间或车库。因此，小型或便携的包裹就派上了用场。投资者和企业经常在非洲遭遇惨败，因为他们用市场所在国不使用的语言给产品贴上标签，例如给在法语或葡萄牙语国家销售的产品贴上英语标签，或给在英语国家销售的产品贴上法语或葡萄牙语标签。将包装附页或标签的文字从一种语言直译为另一种语言同样不值得推荐。始终确保你适应当地的环境。例如，如果一种产品传统上需要用微波炉加热，但微波炉在目标市场并未得到广泛使用，那么就必须在包装上建议另一种加热方法。

当上述所有事项妥当完成时，企业和投资者将缩短为自己的品牌建立信任所需的时间。潜在企业主和投资者也决不能忽视非正规交易者在非洲市场上发挥的关键作用，否则他们将错过原本可能是天作之合的机会。

非洲距离建立欧美那样的成熟市场链还有很长的路。目前，对于任何寻求向非洲扩张的企业或投资者来说，非正规贸易是最好的工具之一，甚至是最好的现成市场。此外，这一渠道将使投资者得以瞄准近90%负担不起优质商品和服务的人群。

3.可能改变非洲非正规贸易的法规

在发展中国家，非正规贸易与正规贸易一样重要。这两种贸易之间存在很强的相互依存性。如果在最佳经济框架下得到监管和协调，正规贸易和非正规贸易可能会加强经济增长。但由于缺乏适当的法规和政策，大多数发展中国家往往会遭遇收入损失。

在非洲大陆的大多数发展中国家，对非正规贸易缺乏适当的监管。一些法律未能考虑到非正规交易者的实际存在；另一些法律强迫非正规商人进入不利的商业地点；还有一些法律则完全禁止他们从业。需要制定新的法规，考虑他们在城市经济中的重要性、他们对贸易的独特贡献以及他们的经商权。

非正规贸易里一个令人关切的领域是童工。许多儿童被剥夺了未来，因为他们被视为廉价和沉默的劳动者，只为了糊口而工作。在某些情况下，儿童，特别是女童，变成在虐待和酷刑中工作的"住家"用人。其他童工被迫充当小贩、建筑工人、乞丐、垃圾拾荒者和农场工人。非正规贸易的这些方面都是潜在投资者和企业应该警惕、避免和谴责的。

对非正规贸易的监管不能是片面的。由于各经济体依赖该种贸易，因此必须努力理解非正规贸易对整体贸易环境的影响。这包括研究非正规商人如何影响其他企业以及他们如何在商业环境中进行互动。如果缺乏对非正规贸易的承认、赞赏和适当监管，随着更多的年轻人移居城市，并利用非正规交易网络求职，城市地区可能会爆发安全风险、污染、交通不便、过度拥挤和缺乏社会便利设施等各种问题。

为非正规贸易制定的法规和政策可能对在非洲经商产生积极或消极影响。因为投资者会研究环境是否有利于其投资或生意。政府不应试图打击非正规贸易，而是应该尝试通过正常运作的非正规工会与非正规交易者合作，以执行法规，甚至征税。但首先，政府必须分配资源来发展非正规贸易。这将缓解正规贸易的工人、投资者和企业的压力。毕竟，政府和投资者都将受益于非正规贸易庞大的商人队伍和交易收入。

4.非正规贸易将如何影响你在非洲的业务和投资？

尽管非正规贸易存在挑战，但街头小贩和非正规交易者在社会经济环境中发挥着重要作用。我们不应低估他们在推动非洲经济发展方面的力量。根据国际货币基金组织和国际劳工组织的数据，撒哈拉以南非洲的非正规贸易贡献了该地区约40%的GDP并吸纳了66%的非农业部门劳动力。约70%的女性在非正规（非农业）贸易部门工作。在尼日利亚和坦桑尼亚等国家，非正规经济吸纳了高达50%~65%的劳动力。事实上，在非洲，每10名农村和城市工作者中就有9人受雇于非正规贸易部门。

大量家庭依靠非正规贸易维持生计。非正规贸易为这些家庭的食物、住房、教育和医疗等需求提供了资金。大多数非正规交易者是由于贫困、辍学、现代奴隶制和债务进入该领域的。尽管存在这些挑战，但一些人仍然做得很好。许多商贩创造了就业机会。街头小贩提供的服务大多是关联的，有些甚至是相辅相成的。非正规贸易的一些工人担任保安、搬运工、运输操作员和仓库管理员。

在某些情况下，个人或公司批量购买这些非正规贸易服务，并将它们出售给公司，从而创造就业，并提供促进投资的机会。除了在创造就业方面发挥关键作用外，非正规贸易还为政府创造收入。大型非正规企业的高收入者向政府纳税，且地方当局还会从许可费、许可证和罚款中获得更多收入。

非正规贸易与正规贸易有着非常密切的联系，因为大多数非正规商人通过正规贸易采购货物，从而充当正规贸易和消费者的中间人。非正规商人是大多数非洲经济体不可或缺的一部分，因为他们为消费者获得各种产品和服务提供了便利。投资者和批发商依赖他们来接触潜在客户并扩大客户群。纵观全局，很明显，在所有经济体中，非正规交易者对不同供应链的形成至关重要。

每位投资者或每家企业都从广泛的顾客群中获得经济竞争力。在非洲，非正规部门对当地和国际投资者和企业来说都是一个新兴或尚未开发的市场。街头小贩在扩大供应链以接触到更多顾客或终端用户方面发挥着关键作用，特别是对于快速消费品而言。一些外国企业在供应链战略中并未想到：非洲的大型贸易商和当地公司更愿意让非正规贸易的同行接触他们的客户。通过这种方式，非正规贸易促进了经济增长，同时向潜在投资者提供了一个现成的市场。

5.非正规贸易如何促进非洲的经济增长？

非洲的非正规贸易没能得到妥善管理，这可能会吓跑投资者。要真正实现非正规贸易的最大化，政府和利益攸关方必须认识到非正规贸易的复杂性。国际货币基金组织2017年进行的一项研究表明，非正规贸易在撒哈拉以南非洲的经济增长中发挥着重要作用。在其中的大多数国家，非正规贸易发挥的作用比大公司发挥的作用更大。各国政府必须实施能在正式法规下巩固非正规交易的政策。如果不这么做，我们将继续遇到各种问题，包括城市肮脏、交通堵塞，由于拥堵而缺乏有效的社会设施，政府收入损失和缺乏安全保障等。

因此，地方政府可以在颠覆对非正规贸易的负面看法方面发挥重要作用。它们有权制定政策、法律和条例，以保护非洲经济中这一重要组成部分的未来。政府还需要制定政策，促进地方倡议的发展。为了吸引投资者到非洲国家投资，地方政府应为非正规贸易制定有利于投资者的制度框架，以规范投资者的经营活动及其与正规贸易和其他相关贸易的互动。

非正规贸易在减少非洲失业上发挥着重要作用。许多找不到工作的非洲人通过销售产品或服务赚取收入。如果政府希望提高经济增长率并增加流向普通非洲人的资源，非正规贸易将是一个很好的平台，因为它对公民具有直接的经济影响。这也是投资和商业咨询可能彻底改变非洲大陆经济增长模式的地方。

非正式交易者降低商品或服务的价格，以匹配穷人和低收入者的经济能力。这提升了价格竞争力，增加了市场需求，并为穷人的家庭和非洲大陆创造了收入，更不用说非正规交易者在大公司和消费者之间充当关键分销渠道。南非的非正规批发和混合市场，包括spaza商店和其他乡镇零售店，每年产生约40亿美元的收入。

显然，非正规交易者和街头小贩促进了非洲地区的投资和贸易，而不是对潜在投资者造成威胁。必须指出的是，给非正规交易者赋能既是一种责任，也是一种促进和推动经济增长的战略方式。所有利益攸关方必须齐心协力，确保适当的制度框架得以制定。这些贸易商必须得到适当政策的支持。当这一点得以有效实现时，非正规交易者和街头小贩将继续发挥推动非洲地区各国经济增长的关键作用。

中国投资

中国在非洲的存在常常让非洲人民、政府以及各种心怀抱负的投资者和企业感到担忧。中国在非洲日益增长的贸易和投资让许多人质疑中国到底是威胁、合作伙伴还是剥削者。虽然目前的研究没有全面回答这个问题，但很明显，中国除将非洲视为政治伙伴外，还将非洲视作一个可行的创业或投资区。在继续帮助非洲国家发展的同时，中国还热衷于优化非洲的机遇。

2004年中国与安哥拉达成一项协议，为非洲提供投资，以换取石油。近年来，中国与大多数非洲国家建立了双边关系，这是中国在该地区的投资和经济利益的一部分，涉及的领域从房地产到矿产再到金融服务。非洲大陆的不同国家以不同的方式感受到了中国经济活动的影响，如：

- 外国直接投资；
- 为基础设施建设提供资金支持；
- 商品和服务价格不断上涨；
- 推出低价电信硬件和电子产品。

中国与非洲国家的交往是以一个可以解读的总体议程为前提的。中国需要基础资源。例如，中国需要石油来推动本国不断推进的工业化、崛起的市场和不断增长的商业部门。研究显示，中国不断增长的制造业提高了国内对木材、天然气、石油、铜、铝、铁和贵金属等自然资源的需求。

在中国涉足非洲地区之前，非洲制造商已经实行了多年的贸易保护和垄断。非洲经济的各项改革解放了受到高度保护的市场，敞开了非洲经济的大门，使国际参与者得以参与非洲的经济活动。非洲人口成了大多数中国商品的潜在市场。中国持续增长的经济发展意味着该国正在寻找能够保持其商品贸易平衡的渠道，因为中国市场本身已经饱和。

2018年9月，中国承诺未来3年向非洲追加600亿美元投资，同时免除最不发达伙伴的债务。中非合作论坛期间，中国国家主席习近平在北京向非洲各国领导人发表讲话时解释道，600亿美元包括100亿美元发展融资；150亿美元无偿援助、无息贷款和优惠贷款；200亿美元信贷资金额度；100亿美元中非开发性金融专项资金和50亿美元自非洲进口贸易融资专项资金；推动中国企业在未来三年对非洲投资至少100亿美元。他进一步指出，这笔投资没有任何政治附加条件。第一笔600亿美元投资于2015年启动。这一努力表明了中国把握非洲机遇的意愿。此外，通过自身在非洲市场的主导地位，中国希望提升其作为世界经济超级大国之一的声誉。这也表明了这个亚洲巨人有能力走出国门，在全球范围内与美国和欧洲展开竞争。

中国有强烈的在创新和商业方面成为一股全球经济力量的决心。在世界其他国家努力创新之际，中国国务院宣称，到2050年建成世界科技创新强国。

这一进展似乎在中国对非洲和世界其他国家的私营企业和国有企业的投资组合中有重要意义。中国也已开始对其他国家产生政治影响。到2030年，中国有望再次成为世界最大经济体。这加强了中国主导全球贸易的决心。

1.是什么驱动着中国对非洲的兴趣？

最近中国在非洲的风险投资模式不仅是非洲国家的重大关切，而且是非洲以外国家的重大关切。中国施工队和中国制造的商品在非洲各地的存在是令人无法忽视的。这让人们对中国在非洲国家的投资感受复杂。当两个国家进行贸易时，双方都会获得实质性的利益，但收益水平取决于每个国家的生产结构，而不是它们的竞争优势。此外，各自国家的交易成本决定了产品是否具有竞争力。类似的情况也适用于非洲和中国的贸易，中国的私营部门和国有企业都在非洲投资。

大多数中国私人投资是由需求和供给驱动的。然而，公共部门和私营部门往往专注于不同的议程和部门。对中国在不同地区的投资所做的进一步分析表明，中国被世界不同地区的特定要素和利益所吸引。在非洲，驱动因素是采矿业、建筑业、房地产、制造业、电力、物流和运输、煤炭、石油和天然气，以及租赁等商业利益。《外国直接投资情报》杂志的一份报告显示，中国的兴趣主要在于建筑业和房地产，其次是制造业和采掘业。图3.3显示了中国的对外直接投资在非洲的行业分布情况。

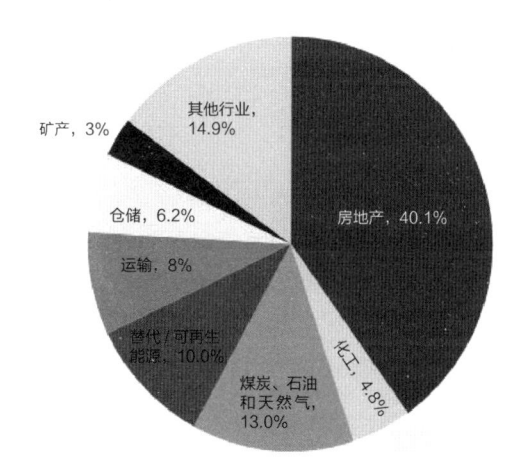

图3.3 2017年流入非洲各行业的中国对外直接投资

资料来源：外国直接投资市场（FDI Markets）的数据；中国银行，2017。

2.哪个地区获得了最多的中国对外投资？

亚洲吸引了最大份额的中国对外投资。非洲大陆是获得中国对外直接投资份额最低的地区之一。事实上，53.4%的中国对外直接投资流入了欧洲，相比之下，流入非洲的比例仅为0.6%。图3.4显示了中国对外直接投资在世界不同地区的分布情况。

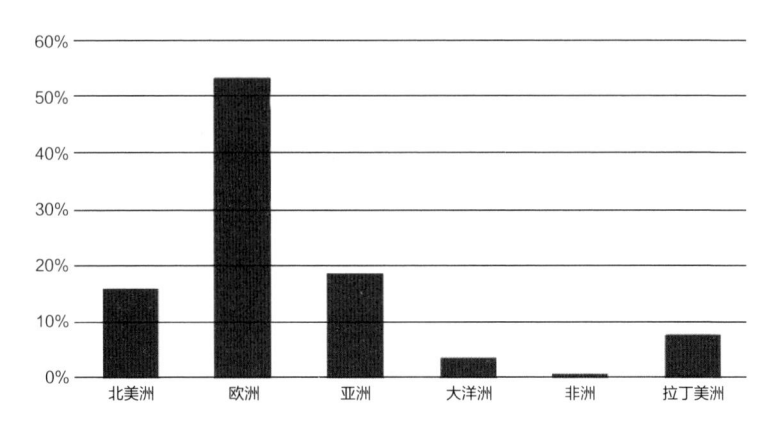

图3.4　按地区划分的2017年中国对外直接投资流向

资料来源：中国银行；中国全球投资追踪（The China Global Investment Tracker）；BBVA研究组（BBVA Research），2018。

根据2018年的《非洲展望》（Foresight Africa）报告，中国已成为撒哈拉以南非洲的最大债权国，约占该地区债务总额的14%。尽管中国在非洲的外国直接投资比例可能有所增加，但在非洲投资价值远低于对欧洲和亚洲国家的外国直接投资。非洲投资水平低背后可能的原因包括人们普遍认为该地区的商业环境具有挑战性。这种看法主要可以归因于不明确的法规、监管控制框架、一些国家的政治不稳定以及多种形式的税收。可以说，并非该地区的所有中国投资都是成功的。尽管如此，非洲和中国还是获得了不同程度的收益。

中国的投资似乎会在未来几年继续增长。在最近一次非洲联盟峰会上，中国总理李克强宣布，到2020年，中国在非洲的贸易额预计将达4000亿美元，中国对非洲的外国直接投资将达1000亿美元。这令欧洲到2020年向非洲投资540亿美元的承诺相形见绌。中国的大部分投资都流向了基础设施建设和矿业。

3.中国投资者VS西方投资者

货币援助并不是非洲发展需求的最终解决方案。这一论点得到了事实的支持，即至少从长期来看，来自西方的财政援助不会给非洲带来实质性的变化。财政援助必须伴随着信息传播、赋权和基础设施建设，以减少非洲对援助的依赖。

值得注意的是，中国在非洲的投资极大地促进了该地区的整体经济增长。中国政府在签订经济活动协议或勘探协议时，不会向非洲国家施加政治限制。此外，中国公司更愿意投资西方公司认为有风险而回避的行业,如运输和农业。中国认识到这些行业对非洲大陆的经济繁荣至关重要,并对它们进行投资,以换取自然资源和原材料,从而创造双赢局面。从中国在非洲地区的基础设施建设来看,这一点是显而易见的。

这并不是说西方不投资非洲的基础设施。作为非洲最大的太阳能光伏发电厂,蓝色能源(Blue Energy)公司在加纳的项目是西方投资的典型例子。然而,中国人愿意在西方认为存在风险而非洲真正需要的领域走得更远。基础设施是非洲国家最需要的开发项目。在该领域的投资有利可图,但也很费力。通过投资基础设施建设,中国在非洲的参与因促进了该地区的发展而大受欢迎。

正如美国智库布鲁金斯学会(Brookings Institution)的《非洲基础设施融资报告》指出的那样,在2007年至2011年的全球经济衰退之后,非洲开发银行和世界银行用于非洲基础设施建设的官方发展融资大幅减少。该报告进一步显示,主要来自中国的非洲外部私人投资增加了50%。非洲遭遇的最近一次资金流失是世界银行迫于非政府组织的压力退出了该地区的棕榈油业务。另一边,中国公司在非洲进行了巨额投资提升棕榈油产业的基础设施建设。投资的增多还可以在该地区的大型铁路、桥梁升级和急需的电信网络建设中看到。

如前所述，中国在非洲的基础设施投资规模的一个突出特点是没有附加条件。由于担心回报低微，无法抵消风险，西方国家不愿在非洲的某些行业或地区进行大量投资，这就使得中国公司的投资具有非常重要的意义和价值。然而，结局并不总是好的。例如，根据《经济学人》的报道，中国投资者在刚果民主共和国的损失超过10亿美元，原因是对一家棕榈油种植园的投资由于延误、道路不通和当地村庄的不配合而失败了。

中国对自然资源的需求提振了铝和铜等产品的全球价格。对这些矿藏不断增长的需求导致价格长久以来的下跌趋势出现了逆转。因此，非洲各国政府获得了提振经济所需的收入。正在进行的研究表明，中国和非洲各国政府达成的大多数交易都是西方公司避而远之、未能进行大量投资的交易。高风险投资产生良好结果的一个例子是尼日利亚和中国于2005年通过一项销售协议完成了一笔价值8亿美元的原油交易，中国在随后的5年里每天购买3万桶石油。中国还获得了管理尼日利亚四个炼油厂区块的许可证。在另一个案例中，刚果民主共和国政府领导人讲述了中国主导的价值60亿美元的矿产换基础设施交易如何已经产生了至少8亿美元的基础设施投资。这类投资进行的都是高风险项目，由于一些非洲国家的政治动荡，西方石油公司避开了这些项目。

权衡所有因素后得出的结论是，中国对非洲大陆的整体贸易和基础设施建设做出了贡献，并将继续这么做。非洲的许多道路、港口、机场和桥梁以及最近的房地产和铁路建设都可以归功于中国。许多中国人正在非洲地区建立自己的零售企业，因为他们决定在非洲定居。现在是西方和非洲接受这一事实的时候了：我们都有一个主要的贸易伙伴，它将一直存在下去。

4.更廉价的中国同类产品对非洲市场的影响

要公正地回答更廉价的中国产品是否正在摧毁非洲市场这个问题，人们应该理解和领会其中的动态。一方面，有12亿非洲人口的日均收入低于2美元。这一群体的购买力极低。其次，非洲当地的工业缺乏进行大规模生产的技术能力，无法满足经济拮据的大批人口日益增长的需求。因此，低价中国产品的出现被视为极好的替代品并受到欢迎。

中国企业的投资为非洲提供了更多的资本投资来源。仅凭财政援助不足以解决贫困和失业等问题，更不用说通过提供管理方面的专业知识和技术来利用国内经济产生巨大的"乘数效应"了。这一目标的实现需要中国政府采取足够的措施，因为中国寻求将出口更廉价的消费品作为支持非洲产品价值的一种举措。根据南非标准银行集团证券（Standard

Bank Group Securities）2018年的一份报告，2017年，中国对非洲的出口额超过950亿美元。该报告进一步指出，自2009年以来，增长最快的15个中国出口市场中有10个在非洲。《中国日报》报道称，2018年1月，中国海关记录的中国对非洲市场出口额为83亿美元。非洲已经证明自己是中国坚韧的合作伙伴，过去8年，非洲对中国的年出口量增长了14%。

中国向非洲出口的产品多种多样，但三大主要类别是运输和机械、手工艺品以及制成品。这些产品被认为属于非洲的高需求产品。更重要的是，这三类产品的价格相对低廉，这意味着大多数非洲人都买得起。非洲国家市场普遍出现的低价手机是中国手机涌入当地市场的直接结果。

更廉价的中国产品的涌入最终压低了其他市场供应商的价格，使大量非洲人有机会获得手机。同样，通过从中国进口低价计算机，非洲获得计算机的渠道也得以拓宽。这不仅使许多低收入家庭能够获得计算机，而且还提高了非洲人的计算机素养，这在以前是富人的专利。廉价的中国产品是普通非洲人买卖得起的，并可以之作为一种养家糊口的手段。中国产品的过度饱和正在让非洲消费者更加明智地做出自己的选择，特别是涉及质量的时候。围绕优质产品的竞争正在上演。

由于质量欠佳，某些中国产品使用寿命不长。有人说来自中国的服装洗三次以上就不能再穿了，但我们不要忘记，大多数高品质的大品牌也是中国制造的。非洲人开始意识到，更好的做法是花大价钱购买质量更好、寿命更长的产品。

给中国产品带来压力的另一个因素是中国签证规定的收紧。由于签证问题，在中国充当中间人的非洲商人正在回国。同样，在非洲的中国贸易商也因为签证续签问题或跟不上市场上的优质竞争对手而离开。竞争对手包括来自迪拜、土耳其和巴西的商品。此外，移动技术和社交媒体平台使从世界各地采购优质产品变得更加容易。像南非这样的非洲先进制造业国家必须介入，以填补非洲大陆存在的优质产品缺口。在非洲销售廉价、劣质产品的日子已经结束了。

5.中国和非洲如何利用彼此？

人力资本

近年来，非洲试图与其贸易盟友合作开发本国的人力资本和技术进步。为实现这一目标，中国已经通过现场培训和奖学金等手段向一大批非洲专业人员提供了技术培训，以表明该国致力于使非洲成为全球范围内训练有素的劳动力提供者。出口到非洲的大批电子消费品包括电子设备、机械和高科技产品。

中国还在当地建立了很多原材料加工厂,使非洲国家能够出口具有附加值的产品,而不是开采原材料并将其出口到其他国家进行增值。在人力资本开发和知识转移方面,中国已承诺在技术和职业部门培训超过24万名非洲人。除为培训来自不同经济部门的非洲学者提供3.2万份政府奖学金外,该计划还意在每年培训1000名媒体人员。除培训外,非洲国家还有机会获得中国金融机构提供的优惠贷款。这些是中国努力促进非洲人力资本开发的几个例子。鉴于非洲可以向中国提供的原材料和资源数量,预计未来还会有更多这样的举措。

债务

多年来,非洲国家一直为债务所累,以至于普通非洲人都在承受这些债务的沉重负担。一些长久以来的资助者承诺免除非洲的大量债务负担,但关键仍取决于非洲国家能否实施严格的财政措施。同样,中国已经承诺免除非洲穷国的大部分债务。例如,2018年,中国提议取消津巴布韦即将到期的4000万美元债务,因为这个南部非洲国家扩大了人民币在当地交易中的使用范围。

为了促进经济发展,非洲需要保持显著的发展速度并提高贸易量,特别是出口贸易量。尽管还有提高的空间,但非洲和中国之间的伙伴关系已经得到发展。这个亚洲巨人迅速成为非洲地区仅次于美国的贸易伙伴。非洲大约5.8%的经济增长是由于中非贸易的增强。此外，中国还免除了许多非洲出口商品的关税。

真正的动机

虽然中国在非洲的投资和经济开发的影响是无可辩驳的，但这种参与对该地区经济的影响可以从下几个方面来看待：

- 中国公司的投资动机；
- 投资期限（在考虑风险敞口的情况下，投资者预期持有证券或投资组合的总时长）；
- 与其他公司的联系程度；
- 非洲投资者在不同行业开展竞争和应对竞争的能力。

显然，个人投资是由市场推动的，就像公共投资是由政府推动的一样。投资动机是吸引许多投资者进入非洲市场的动力，更不用说来自中国的私营企业必须面对的激烈竞争。就溢出效应和产业联系而言，投资决定取决于所在国家或城市的主流公民意见。例如，当政府决定开始对内投资时，在某些情况下，这会导致供应不足，而供应不足将限制技术和知识转移以及总体发展。当投标书落入不合格或腐败的个人或公司手中时，这个问题就会出现。

大多数非洲人都认同中国的参与刺激了非洲的经济增长，未来还会有更多的投入。然而，中国在非洲缺乏更广泛的战略参与，为了减轻非洲大陆普遍存在的贫困问题，还需要做大量工作。这一讨论引发了两点担忧。首先，非洲联盟在寻求协调和最优化中非合作时显得不知所措。这是因为一些国家单独与中国进行贸易。理想情况下，凭借非洲国家手中丰富的资源，该地区应该在与中国合作的同时拥有重要的集体谈判控制权，因为这确立了强大的谈判能力。

其次，贸易平衡也成了许多学者和经济专家感兴趣的话题。正如上文指出的那样，中国在非洲国家的投资远远低于其在全球范围内的外国直接投资总额。根据联合国贸易和发展会议《2017年世界投资报告》，非洲经济的前三大投资国分别是美国（640亿美元）、英国（580亿美元）和法国（540亿美元）。中国对非洲直接投资为350亿美元。

中国最近的投资激增令人瞩目。非洲和中国之间的贸易额同比增长19%。2017年，中国是世界上最大的商品出口国，价值为22634亿美元。过去10年，来自中国的外汇出现了显著增长。根据国际货币基金组织的数据，2017年，中国对非洲的出口总额达947亿美元。重要的是，2017年第一季度，中非伙伴关系双边贸易总额为388亿美元，当年最终的双边贸易总额为1700亿美元，较2016年全年增长了14.1%。离开非洲运往中国的商品总额达4592亿美元。

这意味着非洲出现了100多亿美元的贸易逆差。这一数字表明非洲和中国之间的贸易分布不均。另外，中国在非洲地区的利益正变得越来越多，主要是在能源和基础设施部门。在中非合作中，非洲国家的比较优势参差不齐，这些国家出口和进口的各种商品也数量不一。从本质上讲，这是损益的决定因素，意味着贸易平衡遭受挑战。目前，非洲必须接受的是，为了有所收获，它可能不得不失去很多。在贸易协议中保护非洲各国是非洲联盟的责任。

6.中国对非洲的投资能够持续多久？

如图3.5所示，自2015年以来，与从中国进入非洲的贸易流量相比，从非洲进入中国的贸易流量大幅下降。在此之前的大约10年，从非洲进入中国的贸易量一直高于从中国进入非洲的贸易量。发生了什么？是中国正在改变游戏规则以使本国制造业和企业受益吗？

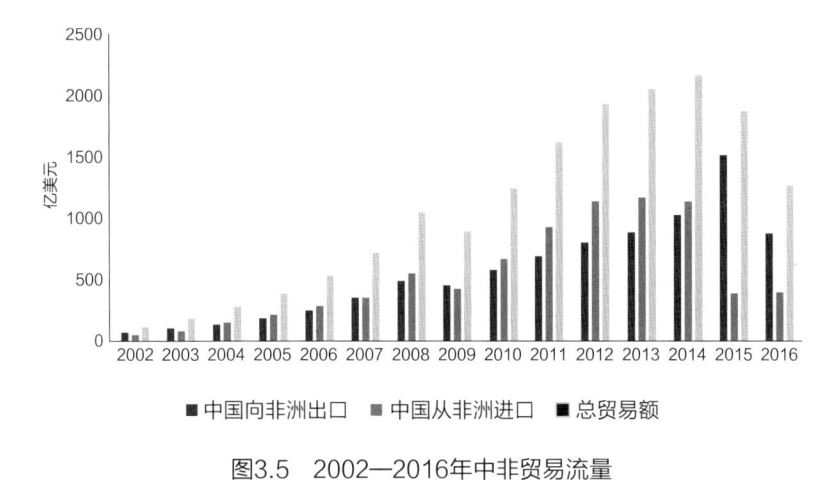

图3.5　2002—2016年中非贸易流量

资料来源：联合国商品贸易统计数据库（UN Comtrade Database），2017。

如上所述，非洲国家表现出了不同程度的比较优势，比较优势决定了每个国家将从中国进口什么或向中国出口什么。与此相关的是，中国参与非洲经济发展所导致的收益或损失不会平均分配。事实上，某个国家的国际收支可能为正，也可能为负。例如，在一个进口量超过出口量的国家将出现贸易逆差。中非合作成功与否取决于中国和非洲从伙伴关系中各自得到什么。就目前而言，在经济联系日益紧密的情况下，双方似乎都正在从伙伴关系中受益。只要有资源和原材料支持中国的国内增长，中国的投资就会源源不断地进入。

7.中国是在非投资者的机会还是挑战？

无论你喜欢与否，中国都将留在非洲，并继续成为非洲和世界主要的经贸参与者。如今，从街头小贩贩卖的产品到名牌服装，在全球所有产品中，近一半都贴有"中国制造"的标签。

判断中国是非洲国家的整体机会还是挑战，取决于三个因素。首先，不可否认，中国在非洲的投资促进了非洲市场机遇的快速增长，非洲地区的国家有机会从中国的进口增长中受益。非洲国家能够利用不断增长的出口量带来的机会刺激经济增长。此外，从中国进口制成品的非洲国家可能会从中国出口商品的价格下跌中受益。

其次，出口与中国产品相同或相似的产品的非洲国家可能面临贸易损失，原因是中国出口产品价格下降将导致该非洲国家在目的国的市场份额减少。这种情况被称为出口疲软。还可能出现另一种被称为进口疲软的情况，即一个国家从其他地方进口与中国产品类似的产品。这样的国家同样会遭受贸易损失，原因是中国产品相对于另一国产品具有价格竞争力。因此，声称出口中国所需产品的非洲国家最终将实现国际收支平衡是不准确的。国际货币基金组织的数据显示，尼日利亚和阿尔及利亚这两个非洲主要油气出口国对中国的贸易仍为逆差。

最后，毋庸置疑的是，非洲的大部分贸易利益来自中国在该地区的经济参与。然而，从上述论点可以看出，对在非洲的中国私人和国有投资持批评态度的人强调了非洲大陆与中国之间的贸易失衡。正在进行的研究表明，中国与非洲国家合作的最终目标是利用资本支持本国快速增长的产业。因此，中国向非洲提供支持促使非洲各国政府创造可以发展持久贸易关系的政治环境。中国对非洲的援助已经推动了非洲经济赖以发展的基础设施建设。

中国在非洲的投资持续增长，这有助于改变人们对这个亚洲经济巨人在该地区作用的看法。中国在非洲的参与感在人力资本和贸易发展以及投资和基础设施建设领域最为明显。由此产生的影响同样显而易见，因为非洲生产商能以更高价大量出口中国所需的原材料。然而，鉴于非洲国家似乎无法完全实现本国经济的多样化，这一伙伴关系带来了巨大的挑战。例如，来自中国的弱势信贷为非洲国家提供了廉价的替代资本，从而削弱了非洲市场上其他资金提供者的能力。当持续的贸易往来得到妥善处理时，中国的外国直接投资有助于解决非洲经济的多元化问题，并推动更大的增长。

目前，中国是非洲国家的好朋友，它在非洲大陆的投资和经济影响力正在增长。中国在非洲对外贸易中占有最大的份额，中国如今已不再是商品和廉价劳动力的寻求者，而是基础设施建设的合作伙伴和技术参与者。中国需要遏制违反非洲规则和玷污中国形象的中国商人，但毫无疑问，中国和非洲将继续保持互利互惠和相互尊重的伙伴关系。

第四章

对在非洲经商的种种误解

由于腐败、冲突、限制性的商业法律、一些国家的高通胀以及非洲大陆有限的技能，人们对非洲的商业环境持有负面看法。尽管其中一些担忧是有道理的，但在许多情况下，它们被错误地认为适用于所有非洲国家和市场。例如，腐败被极度放大，以至于非洲大陆数百万诚实守法的公民和商人被人遗忘。

具有战略眼光的大胆企业和投资者看到了机遇并经过计算决定承担风险，他们正在从非洲获利，并影响着非洲人民的生活，他们的视野并未局限于这些误解。根据前沿战略集团的数据，大量西方跨国公司已将非洲市场纳入它们的新兴市场组合。然而，尽管非洲地区的经济正在蓬勃发展，经商动力强劲，但大多数地区公司和国际公司并未最大限度地利用非洲大陆的机会。

随着非洲继续其令人惊叹的发展速度，非洲大陆上的竞争估计会加剧。目前，商业领袖进军非洲市场的机会之窗依然敞开，尽管有些企业和投资者已经在此蓬勃发展。不要因为误解或被消息灵通、取得进步的竞争对手的表现吓倒而掉队。所有投资者和企业在非洲市场都有独特的契合点。最重要的是，现在已经有一些工具来帮助我们做出向非洲扩张的决定并保证市场份额。

关于在非洲大陆经商的错误看法源于对非洲人民、市场、基础设施、生活条件和风险的误解。这些误解有可能阻止企业和投资者从非洲地区快速增长的经济中获利。让我们来看看下面这些关于在非洲经商的普遍误解。

非洲经济起伏不定且难以预测

大多数潜在投资者认为非洲极不稳定。毫无疑问，与世界上任何地区一样，非洲地区也面临着自身的挑战。然而，非洲大陆某些地区存在的冲突或暴发的疾病不应阻止潜在投资者，因为利益远远大于风险。与所有其他新兴市场一样，非洲容易出现商业风险。但是，正如所有投资者都知道的那样，当你让短期风险左右你的长期投资计划时，你就丧失了潜在的机会。作为一位投资者，这样做就像站在岸边看着一波又一波的投资机遇来来去去。在冒险下水之前，请忘掉那波大浪。长期投资者知道，关键是抓住第一波浪潮，并从中获得更大的机遇。

非洲大陆的冲突在很大程度上是财富和资源分配不平等的结果。尽管非洲经济增长迅猛，但日益加剧的不平等和贫困尚未得到充分解决。这已经导致了社会不满和安全危机，比如西非和东非的恐怖主义活动。这些都是非洲各国政府正在努力解决的国内问题。

就投资而言，准确的信息对于理解和区分在非洲地区经商的实际风险和感知风险至关重要。一个例子是埃博拉病毒暴发期间人们对非洲的看法，该疾病主要影响了几内亚、利比里亚和塞拉利昂。当时，尼日利亚是跨国公司的主要机遇市场，特别是该国在2014年调整GDP基数之后，该国的经济规模也扩大了。虽然尼日利亚仅仅受到埃博拉疫情的轻微影响，但该国的商业吸引力却受到了极大损伤。这主要是由于媒体对埃博拉疫情的普遍报道导致许多人认为它的传播范围更广。因此，西非的公司采取了推迟投资等极端谨慎的措施。

此外，2014年7月开始的油价暴跌导致尼日利亚货币贬值，经济增速放缓。跨国公司此后将重点转移到肯尼亚、坦桑尼亚和乌干达等东非国家。然而，发生在肯尼亚加里萨一所大学的恐怖袭击吓跑了许多潜在投资者，也导致许多跨国公司退出了该地区的市场。

尽管存在对非洲地区的种种误解，但作为一个具有吸引力且备受青睐的商业目的地，该地区仍在蓬勃发展。尼日利亚、坦桑尼亚和加纳等国新政府的出现吸引了更多投资者，这些投资者希望政治改革能够解决经济问题。如图4.1

所示，从2017年至2018年，非洲是深受全球跨国公司青睐的前沿市场。今天，非洲的许多国家都被视为经商的前沿市场。非洲正在等待南非加入这些国家的行列，因为国际评级机构穆迪（Moody's）已将南非的信用评级维持在"稳定"状态，比垃圾级高一档。

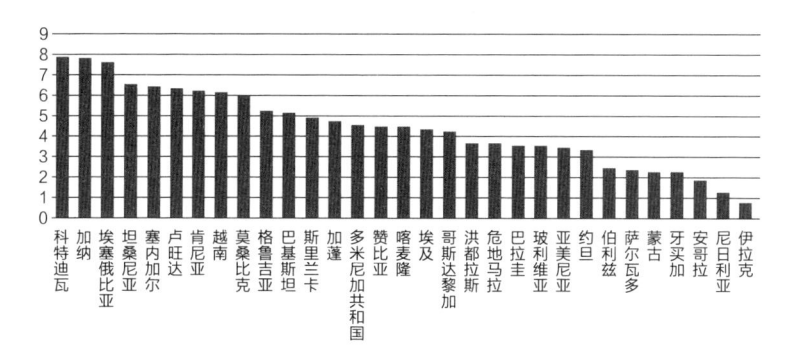

图4.1　2017—2018年前沿市场情绪①指数

资料来源：国际货币基金组织的数据。

鉴于此，潜在投资者应该仔细评估非洲市场波动造成的影响，以确定战略的改变是否能使他们的业务应对短期干扰。图4.1显示了经济表现吸引到投资者注意的国家的平均

---

① 市场情绪是整体市场所有市场参与人士观点的综合展现。也正是市场上大多数参与者的主流观点决定了当前市场的总体方向。——译者注

增长水平。非洲国家位居表现最强势的国家之列。此外，为了在非洲取得投资成功，投资者需要使他们的市场组合多样化，并将他们的注意力转向该地区更有前途的国家。例如，非洲开发银行集团的一份报告显示，尽管加纳在2014年实现了相对而言值得称赞的经济增长，但加纳经济面临着货币贬值、能源危机加剧、宏观经济失衡日益恶化、通胀以及利率不断上升等问题。

加纳经济2017年增长8.5%，2018年增长6.3%，2019年增长7.6%，这是中长期措施和改革的结果。增长的来源包括石油和天然气产量增加、宏观经济框架得到改善、私营部门投资、清洁能源领域的投资、公共基础设施得到改善以及国内政局稳定等。根据加纳统计局的数据，该国经济2017年第二季度的同比增长率达9%，证实了非洲经济仍在快速增长。这对那些忽视短期骚乱而在加纳投资的投资者来说是一种有力辩护。

同样，尽管南非的经济增长率在2016年跌至0.6%的最低水平，但该国显示出了巨大的复苏潜力，这一复苏表现为2017年1.3%的增长率。根据南非统计局的数据，该国经济在2018年第三季度环比增长2.2%。这将超过世界银行最初预测的2018年1.1%的GDP增长率和2019年1.7%的增长率。如果发生这种情况，相较于2019年全球3.9%的预期增长率，撒哈拉以南非洲同年3.5%的预期增长率是一种低估。南非的增长得益于完善的基础设施、总体政治稳定、强劲的私营部门投资和矿业生产。然而，对非洲大陆的误解阻碍了潜在投资者和企业。

非洲经济缺乏足够的商业竞争力

对非洲的错误看法之一是国际投资者可以从先发优势中获益。许多投资者忘记了一点，即就市场竞争力而言，非洲正不断受到认可。这种成熟市场需要一种更具战略性的方法来应对成熟品牌的竞争和成熟的消费者群体。直到最近，国际社会对非洲的看法还停留在贫穷、饥饿、疾病、内乱以及无知和原始人口上。这导致了"黑暗大陆"①（Dark continent）的说法，但这种说法已经逐渐蜕变成"非洲崛起"（Africa Rising）。观念的转变始于2009年至2013年非洲地区经济增长得到改善之时。

---

① "黑暗大陆"一词最早由威尔士探险家兼作家亨利·莫顿·斯坦利（Henry Morton Stanley, 1841—1904年）提出，他将自己的两本非洲游记分别命名为《穿越黑暗大陆》（*Through the Dark Continent*）和《在最黑暗的非洲》（*In Darkest Africa*）。——译者注

事实上，非洲经济在2000年后迎来了大幅增长。这一增长使非洲大陆在全球获得了相当大的市场份额。目前，许多总部位于亚洲的公司主导着非洲的不同商业部门。例如，日本汽车制造商丰田公司在许多非洲国家的市场都是最畅销的厂家，并且在非洲打造了一个强大的品牌。另一家在非洲地区广泛存在的公司是海尔，这是一家中国的跨国电子消费品和家电制造商，为非洲提供应对电力中断的定制冰箱。各大全球品牌的战略定位为它们在加纳、肯尼亚、塞内加尔和尼日利亚等国赢得了相当大的市场份额。

同样，非洲公司正在迅速扩张和崛起，以赢得该地区竞争激烈的市场份额。总部位于拉各斯的尼日利亚企业集团丹格特水泥（Dangote Cement）是非洲本土的成功案例之一。丹格特2017年的财报显示，该公司2017年的营收为22.3亿美元。丹格特水泥的年产量纪录为4400万吨，该公司计划到2020年将产量增加33%。根据非洲商业中心（African Business Central）的数据，丹格特2018年的市场资本估计为132亿美元。今天，该公司继续在非洲不同地区建立水泥厂。这些水泥厂的出现使丹格特能够与法国拉法基（Lafarge）等国际公司在非洲水泥市场展开良性竞争。随着消费者支出的增长，肯尼亚连锁超市纳库玛特（Nakumatt）和南非连锁超市莱特购（Shoprite Africa）也开始与其他全球品牌争夺东非市场的大量份额。

这些说明非洲市场具有竞争性的例子仅仅显示了企业和投资者在非洲大陆获得的一小部分收益。通过了解非洲存在的长期机遇和风险以及国际和区域公司的成功案例，潜在投资者能够更好地了解扩张的可能性。企业高管必须准备好应对在进入新市场时会出现的拖延。

非洲市场对我的产品而言不够高端

"不够发达"这一误解基于这样一种观点，即非洲的增长完全围绕着商品和自然资源消费展开。大多数国际投资者认为，无论是建筑、农业和医疗技术、电信、客服中心还是商业服务，非洲市场都无法轻易接受他们的产品，或是和这些产品根本不兼容。这些投资者没有意识到，非洲的经济驱动力正在发生变化，使其对不同部门的全球产品和服务产生了强劲需求。

21世纪之初非洲政府进行了更好的治理和改革，促进了该地区目前的政治和经济稳定。这保证了非洲的基本收入并带来大量外国直接投资。包括经济驱动力在内的其他有利因素使非洲大陆得以在过去10年中以5.8%的总体速度增长。很快，非洲就被评为世界上增长第二快的大陆，平均增速达4.5%。

在非洲，对服务和软技能（如人际交往技能和客户服务技能）的需求日益增长，迫使该领域的市场份额扩大。其他拥有大量市场份额的领域包括用于制造和建筑业的材料和设备以及用于商业和教育的技术。市场份额的扩大伴随着中产阶级人口的增长，而中产阶级人口的增长正在创造面向消费者的产业，据专家估计，到2020年，这些产业的价值将增长到4000亿美元。预计到2020年，非洲面向消费者的产业以及农业、基础设施和资源开采等其他部门每年将贡献2.6万亿美元的收入。根据非洲开发银行的数据，未来20年，仅资源采掘部门就可以带来超过6000亿美元的收入。由于非洲地区的快速发展，非洲各国政府正在做两件事。首先，各国政府正在软技能和技术培训、建筑、能源、农产品加工、矿产勘探、植树造林和政策改革等与发展相关的产品和服务上加大投入。其次，特别是在农业综合企业、基础设施建设、技术进步、清洁能源和教育等非洲发展部门，各国政府正在向促进增长的企业和投资者提供企业税减免和退税等激励措施。

非洲大陆的增长不仅催生了企业家，而且创造了就业岗位，提供了消费品和服务。加上更富裕的消费阶层的崛起，更提高了消费者支出和政府支出的水平。更不用说还有商业活动的增多以及对更多产品和服务的需求。在政府支出方面，地方政府努力向人民提供水、卫生、医疗和教育等公共服务，软硬件基础设施成为政府支出的优先领域。

非洲各国政府为结束非洲大陆的冲突所做的努力是该地区增长的催化剂，这使一些国家的政治稳定性增强。

非洲的经济繁荣还可以归功于一些国家正在进行的GDP基数调整。联合国建议各国每5年进行一次GDP基数调整。此举使各国能够了解哪些部门对本国GDP做出了贡献，以及这些部门在现金和价值方面做出了多大贡献，从而为未来的GDP创造一个基准。多年来，由于国内问题，大多数非洲国家并未调整本国的GDP基数。一些国家没有调整GDP基数，是希望欠西方国家的高额债务可以被勾销。例如，尼日利亚在等待了24年之后才进行GDP基数调整。然而，直到该国对GDP基数进行了调整，它才在2014年一跃成为非洲最大的经济体，吸引了来自全球的投资者。南非凭借3010亿美元的经济规模（比尼日利亚的2960亿美元高出50亿美元）于2016年下半年夺回了非洲最大经济体的宝座。南非2018年和2022年的经济规模预计分别为3800亿美元和4200亿美元，而尼日利亚2018年和2022年的经济规模预计分别为4600亿美元和6330亿美元。

南非的做法有所不同，它通过与其他金砖国家结盟实现本国经济的多元化，尤其是在它经历了钻石和铂金产业漫长且代价高昂的罢工之后。另一方面，尼日利亚70%的收入始终牢牢依靠石油销售。对石油的高度依赖，加上该国的通胀率在2016年7月达到11年来最高的17.1%，以及全球油价暴跌，最终导致该国陷入衰退，该国经济从2016年4月至6月萎缩了2.06%。2017年年初，尼日利亚政府启动并推行了旨在使国家走出衰退的经济复苏和增长计划。该计划针对的是农业、制造业、电力、天然气、石油、矿产和金融机构等增长部门。因此，不足为奇的是，尼日利亚的经济已经反弹并表现出作为一个大型经济体的韧性，证明自己有能力进行经济重组。

除获得国际认可和吸引外国投资外，GDP基数调整还使非洲企业得以获得最佳实践：被吸引到GDP基数调整国的全球公司的预期和影响得以随着时间的推移发生重要变化，以创造对企业间产品和服务的新需求。例如，在该地区经营了几年后，中国公司现在把自己作为综合的当地公司运营。这使它们能够在当地建立制造公司并进行公开投标。这一发展也提高了非洲大陆的商业竞争力。

非洲经济增长的一个重要因素是基础设施的快速扩张。公路、机场、铁路和港口的改善和扩建使当地和国际公司更容易接触到多样化的非洲人口。这反过来又为企业间贸易以及必要的技术和服务的出现创造了机会。例如，移动银行和电子钱包等技术创新为没有银行账户的消费者带去了金融服务。此外，移动医疗服务还为居住地远离医疗设施的患者提供了急需的护理。

毫无疑问，消费者支出和政府支出、基础设施建设和GDP基数调整正在增加非洲经济的活力。在银行、供应商、零售商和终端用户的商业交易和通信中，技术使用量的迅速增加也使非洲市场变得复杂和发达。例如，在非洲大陆，更多的人选择使用电子钱包在WhatsApp上进行交易，这加快了资金交易的速度。非洲市场充满活力，国际高管应该探索不同经济部门的机遇。他们应该发展顾客服务点和呼叫中心等面向消费者的行业，而不仅仅是商品主导的部门。这些都是推动今天非洲经济发展的关键因素。

非洲之所以有利可图，仅仅是因为投资回报来得快

另一个误解是认为非洲的政治和外汇环境存在不确定性，因此在非洲蓬勃发展的经济中赚钱的最佳方式是投资能够迅速产生回报的部门。尽管非洲的定期存款和股票交易拥有很高的回报，但真正的回报是在资本或固定资产收购领域。然而，这需要时间和耐心。尽管非洲增长最快的经济体表现出很高的投资潜力，但投资者应该权衡与投资的期限和

所投资部门相关的风险。

博茨瓦纳是世界上投资回报最高的国家之一。10年来，该国证券交易所的平均总回报率为24%。它被评为最简易、最安全的赚钱中心之一。2016年，在博茨瓦纳证券交易所，克莱斯特（Cresta）等股票上涨了19.62%，博茨瓦纳保险控股有限公司（Botswana Insurance Holdings Limited）的股票上涨了15.46%。在南非，约翰内斯堡证券交易所股价整体上涨29.7%，其中南非报业集团（Naspers）在2017年的涨幅达到了令人惊叹的87.4%。其他非洲国家的证券交易所在2017年也实现了令人印象深刻的增长，马拉维增长56%，加纳增长43.8%，乌干达增长30.7%，毛里求斯增长29.9%，这表明它们位居非洲充满希望的投资目的地之列。其他具有吸引力的高回报目的地包括埃及、尼日利亚、摩洛哥和肯尼亚。

不足为奇的是，特别是在英国脱欧之后，许多西方跨国公司可能会试图通过在非洲寻求快速回报来补偿低迷的欧洲经济。如前所述，高回报往往来自股票等高风险投资。低风险、高回报的投资需要对制造业、农业综合企业、房地产和服务业进行长期投入。如果你想打造一个像可口可乐、联合利华、新加坡航空（Singapore Airlines）、丹格特、沃达丰、壳牌、雀巢、移动通信网、丰田、阿联酋航空（Emirates）和通用汽车那样值得信赖的品牌，并拥有源源不断的理想回报,这将是首选方法。这些例子表明,长期的良性经济增长预期对非洲有利。

另一方面,对非洲的战略和投入不太明确的公司则努力重新定位自己的市场,以获得新的市场回报。在意识到短期利润目标可能面临巨大挑战和风险之后,公司会发现挑战和风险需要在非洲大陆更大规模的参与才能解决。尽管撒哈拉以南非洲的经济价值预计到2050年达到29万亿美元,但从非洲大陆的增长中受益需要长期投入。这些迹象和预测表明,拥有长期商业战略的投资者将收获最多的回报。

尽管非洲的增长率很高,但取得实质利益需要时间、财力和努力。许多为了获得大量市场份额而将业务扩展到非洲的国际公司考虑到了市场动态,因此可以从早期投资中获得回报。这些公司投入了大量资源,并在几年之内扩张了业务。这通常意味着,那些希望将资源投入非洲地区的企业和投资者应该采取一种长期投资方式。

将资金移出非洲很困难

这一误解不是指密谋将资金或钱财秘密转移出非洲,而是合法地将商业和投资活动的收益转移出经营国。当然,众所周知的是,公司、帮派和腐败的政府官员每天都在将资金非法转移出非洲。这些腐败活动正在扼杀非洲的发展。据估计，公司和政府官员每年将超过400亿美元资金非法转移出非洲大陆，导致非洲经济增长放缓。话虽如此，但人们不能忽视的一个事实是，多年来，试图将资金合法转移出非洲大陆极其困难。值得庆幸的是，现在，情况已经改变了。

事实上，如今，合法地在非洲内部转移辛苦赚来的钱或将其转移出非洲，要比将钱转移出世界其他地区更容易。非洲各国政府对法规进行了改革，使企业和投资者更容易为商业或私人交易目的平稳地转移自己的资金。现在，通过储备银行或中央银行批准和授权的交易商、控股公司、外汇管理局和环球跨境通（Currencies Direct）等国际汇款公司交易资金或汇款比以往任何时候都容易。据估计，每年有超过6000亿美元以汇款的方式离开非洲南部。

所有汇款都应符合反洗钱和外汇管制规定。信用卡和与账户关联的银行卡可以用于全球交易，这些银行卡对支付和提款没有限制。例如，据全球支付技术巨头维萨（Visa）所称，该公司连接了全球200多个国家和地区的超过25亿张维萨卡。此外，由于全球的资金交易超过1090亿笔，加之该公司推出了VisaNet这一创新产品，电子支付从未像现在这样容易。同样重要的还有万事达卡（Mastercard）和其他优秀的全球支付巨头。万事达卡每年处理全球超过210个国家和地区的约180亿笔支付。根据世界银行的数据，到2019年，在国外工作的亲属寄往撒哈拉以南非洲国家的资金预计达到400亿美元。汇款业务存在商机，特别是非洲内部的汇款。2018年，在非洲大陆内部汇款200美元需要的费用为19美元，比其他任何地区都要高出20%。需要有更多的参与者才能在降低汇款成本的同时仍能实现盈利。所有迹象都表明，非洲国家将继续改革自身的金融法规，使非洲大陆成为全球最具经商便利度（包括资金进出非洲大陆）竞争力的大陆之一。

在非洲经商无须亲临现场

大多数跨国企业和投资者认为，在非洲大陆经商无须亲临现场。他们认为，找到对自己的产品和服务感兴趣的合作伙伴、批发商和分销商就足够了。问题是这些合作伙伴是否愿意为产品调整和升级提供市场反馈，最初的市场细分则更是一个难题。

在非洲，能否进行本地考察可能决定成败。从长远来看，单纯依靠非洲合作伙伴的战略有可能是无效的。选择不亲临现场的潜在投资者可能面临市场渗透和运营方面的挑战。而且一些当地的合作伙伴可能在商业回报方面不诚实。

他们可能对你有所隐瞒，或者向你展示你想看的东西。经验和研究证明有必要在当地拥有你自己的资源。可以先和一家咨询公司或代理商签约以调查市场份额及其可持续性，同时准备在当地派驻人员。

我们还建议向非洲扩张的投资者在他们的商业计划中增加分销战略。这将使他们能够管理当地的分销商，并控制该地区复杂的分销网络。反之，如果管理不善，竞争和数量不足的分销商可能会使一家撒哈拉以南非洲的企业停滞不前。拥有一名当地代表对管理经销商而言是必不可少的。在同样的背景下，贴近市场更能体现市场投入，因为投资者和企业将有更多机会了解客户，巩固市场份额和打造顾客忠诚度。

在当地派驻人员的另一个好处是，这将对一个国家的就业数据做出宝贵贡献，从长远来看，这有助于形成积极的成绩单。虽然没有必要在每个国家开拓当地市场，但为了取得商业成功，建议在每个次区域（北部、西部、东部、中部和南部）派驻至少一名代表。公司的当地代表除了可以使其了解客户偏好并符合各种政府法规和商业法律外，还可以管理公司的合作伙伴。这强调了一个事实，即必须在非洲市场占有一席之地才能实现真正的商业腾飞。作为一名投资者或一家企业，你需要密切了解市场和你的竞争对手。

相同的商业战略适用于所有非洲国家

另一个常见的误解是，在一个非洲国家或市场使用的商业战略、市场分析和选择框架将自动适用于该地区其他国家的市场。事实是，想要在非洲地区打造品牌并抓住重大机遇需要全面的定性分析。投资者需要了解是什么让潜在市场的口味变得不同，以及市场环境如何影响市场对产品或服务的反应。

非洲大陆有54个国家（其中48个位于撒哈拉以南非洲），潜在投资者面临的挑战是正确划分现有市场。关于该地区市场动态的数据不足会使投资者在做出扩张计划和决策时面临挑战。

由于种种挑战和无法获得反馈数据，外国和当地企业与投资者失去了稳定的经济指标，无法清楚地了解该地区的产业及市场动态。这些指标显示了什么市场条件是必须存在的并能让主流市场易于接受产品或服务的。例如，A国的市场规模在纸面上可能看起来不错，但市场环境可能会使在该国投资变得困难重重。如果一家公司试图销售需要完善道路系统的汽车，但A国的道路质量不佳，那该国可能并不是正确的目的地。然而，同样的市场可能非常适合一家销售坚固四驱车的公司。

此外，具有悠久的特定生活传统并习惯于某些类型食物的市场可能难以适应西方食物或产品。投资者需要了解如何将新的食品或产品推向市场。这需要进行深入的定性研究，或与一家充分了解非洲地区传统和文化以及市场反应的非洲当地市场研究公司签约。

同样重要的是了解消费者的购买力，特别是如果定价是决定因素之一。然而，如果价值是决定性因素，那么关注市场的文化信仰以及这些文化信仰如何赋予商品和服务以价值将是一个很好的开始。潜在投资者还必须考虑他们的产品或服务应如何在整个市场生态系统（产品、价格、需求、顾客的生活水平或购买力、文化影响力、法规、与其他产品的邻近度以及竞争）中做出反应。

在大多数情况下，仅有定量市场分析是不够的。例如，如果一家企业销售的是热饮料，我们不能仅仅因为尼日利亚拥有一个约1.9亿人口的巨大市场就把尼日利亚称为这种产品的最佳市场。市场规模可能不错，但尼日利亚的气候并不适合热饮，至少在大多数时候如此。这并不意味着尼日利亚人不喜欢热饮，但它不太可能成为在烈日下工作的普通尼日利亚人的选择。这可能意味着需要重新设计或调整产品以满足目标市场的需求。这方面一个很好的例子是商业化生产的冰茶，它在气候炎热的国家非常受欢迎。

人们对非洲市场存在误解,在该地区进行产品定位的方法存在"一刀切"的问题,这与非洲商业环境的活力格格不入。投资者、商业领袖和企业家需要采取全面的市场细分方法。他们必须同时考虑定性和定量的市场分析。实地研究在做有关业务扩张的决定时特别有价值。潜在投资者或企业想要在非洲取得成功,就必须更进一步,核实他们对目标市场看法的准确性。这将赋予他们必要的信心,迈开步子进入一个他们或他们的产品和服务不熟悉的市场。前往市场所在国或雇用一家该国的商业研究公司可能是一个好的开始。无论你选择哪条道路,都不要让误解阻止你从非洲大陆不断增长的经济体中受益。

第五章

非洲的商机

非洲的商业环境和机遇正在日益发展。几十年来，非洲大陆的投资者和企业都寄希望于传统的回报来源，包括石油、黄金、钻石、煤炭、铂金、可可、咖啡、木材、茶叶和皮革。如今，随着新一代非洲人和日益壮大的中产阶级群体的出现，这种情况正在发生改变。新的规范是传统机遇和诸如提供服务、解决问题和增加供应链的价值等新兴机遇的结合。这些新兴商机包括创业孵化、呼叫和客服中心、农产品加工、教育和旅游业。其他新兴商机包括移动应用程序和数字医疗、公共交通和物流、可再生能源和太阳能消耗品、房地产、时装以及包括电影、文化节目和歌曲在内的付费电视娱乐节目。

这是一个商业环境仍然欠发达的地区，得到开发的经济部门很少。需要开垦耕地；需要将市中心的贫瘠土地开发成房地产；需要对清洁能源进行前瞻性开发；需要建造学校和教育机构，以教育和培训不断增长的劳动人口，从而维持该地区的增长；需要生产食品和服装，以满足即将成为世界人口最多的群体日益增长的需求；需要修建道路；需要为规模迅速壮大和购买力得到增强的中产阶级制造汽车；需要开发创新技术，以满足渴望技术的群体。

非洲大陆最近的经济转型在促进非洲国家成为全球市场上可合作的商业伙伴方面发挥着重要作用。非洲开发银行和世界银行通过"建设性参与"改革发挥了重要作用，使非洲的贸易实现自由化。对各种初级和次级商品的价格控制和进口限制已经被取消。各国还采取了不同的措施来监管银行业和金融部门。包括其他经济改革在内，这些新的发展表明，非洲已经确立了适当的措施和商业条件，以促进经济增长，并为当地和国际商业提供有竞争力的环境。

事实上，非洲商业环境的潜力几乎没有得到开发。投资者将从投入的精力、时间、智力和其他资源中获得非同寻常的回报。联合国贸易和发展会议证实，非洲的外国直接投资回报是全球最高的，比世界上所有其他区域的价值都更显著。此外，非洲的机遇还包括许多新兴的和尚未开发的市场以及相对较低的竞争。

非洲是商业的最后边疆吗？

这个问题的答案取决于人们如何看待和解释非洲大陆的机遇和挑战。世界上每个地区都有自己的挑战，但在非洲，机会的绝对数量、生活水平、经营成本以及非洲大陆对游客和品牌的接受度带来的机会远远超过了挑战。

尽管非洲大陆在国际贸易方面可以提供很多便利，但商业环境还包括不容忽视的社会、经济和政治挑战。尽管非洲各国政府日益鼓励投资者在电信、电力和可再生能源部门展开经营活动，但关键基础设施不足仍是一个挑战。成熟的项目供不应求，这引起了跨国公司的极大兴趣。在非洲，不同规模和类别的个人股权企业的增长也值得注意。到目前为止，拥有坚实的管理结构、强大的发展预期并且覆盖全省的大型商业公司在地方一级还不存在。

在非洲国家呈现出巨大投资前景的同时，商业风险也是现实存在的。风险评估的一个重要指标是一国法律制度的一致性和透明度。根据世界银行一份题为《唤醒非洲沉睡的巨人》（*Awakening Africa's Sleeping Giant*）的报告，许多非洲国家政府正在推动仲裁，并在某些情况下允许将仲裁作为法院程序的替代方案。该报告还强调了非洲作为商业投资活动下一个前沿的可行性。

世界银行和西方国家倡导的"非洲崛起"叙事描绘了一个摆脱多年缓慢经济发展的大陆。经济学家、尼日利亚前财政部部长恩戈齐·奥孔乔–伊韦阿拉（**Ngozi Okonjo-Iweala**）等非洲经济支持者持续倡导建设崛起的非洲。奥孔乔–伊韦阿拉博士的活动始于10年前，至今仍在蓬勃发展，证明了她作为非洲大陆真正支持者的价值。

非洲大陆这种新出现的增长势头体现在总体稳定性的提高、冲突事件的减少、与过去相比有利的经济和商业环境、得到改善的基础设施、对青年教育的推动和对腐败的打击等方面。援助一度被视为拯救非洲国家并换取自然资源的必要手段。然而,这种观点正在迅速改变,因为非洲正逐渐在全球贸易上占据其应有的地位。

毫无疑问,全球对非洲的兴趣已经恢复。关于这种情况的原因,出现了两种主流理论。一些作者和经济理论家认为,西方重拾对非洲的兴趣仅仅是一种振兴计划,以补偿它们之前不恰当的剥削行为。其他理论家则声称,兴趣重燃的前提是,人们突然意识到,鉴于全球资本主义和品牌转型的需求,非洲是寻找出色商机的理想之地和最后边疆。看看非洲大陆的经济增长率和全球对非洲的兴趣水平,第二种理论似乎相当准确。

根据"非洲崛起"这一叙事,非洲的商机是什么?尽管西方将非洲称为服务自身特定利益的机遇之地,但可以说,中国、俄罗斯和印度对非洲有着同样的兴趣。新的经济增长指标令人们十分相信非洲确实在崛起,并提供了更多的商机。该地区商品收入的增长、源自石油的财富、对移动技术的渴望以及富饶的土地和矿产,无疑都为非洲大陆的繁荣做出了贡献。

此外，由于现有投资者赚取巨额利润的消息广为传播，投资者对非洲地区的看法也发生了重大变化。与对非洲的传统看法不同，现代观点指出，出现了一种将非洲大陆描绘得精于经济改革的叙事。对非洲不断变化的看法使非洲大陆作为适于商业发展和扩张的环境而受到关注。

在内罗毕举行的2018年非洲论坛上，"新兴"主题表明，非洲是一个多元的大陆，一个可行的经商和投资之地。讨论的话题包括新兴市场和新兴消费者。想在非洲利用技术在市场上取得领先地位可能是一个复杂的问题。然而，许多非洲行政机构目前正在实施严格的改革，以减少商业和技术风险，降低贸易成本，并增加商业业绩的可预测性。金融服务部门可利用的机会越来越多，非洲地区的中产阶级人数大幅增加，而这一群体中有相当大一部分人尚未得到开发。根据世界银行2017年全球金融指数数据库（The Global Findex Database 2017），撒哈拉以南非洲近40%的成年人将一部分收入储蓄起来，这一新发展将非洲定位为商品和服务的可持续投资目的地。

很大一部分非洲投资的利益攸关方都在寻求有限但更引人注目的交易。为了评估非洲是否确实对这些利益攸关方开放了商业，有必要看看该地区如何衡量现有商机、市场研究和商业宣传。

1.商机

非洲是一个正在崛起的大陆,特别是私营部门,私营部门是非洲当前经济发展的关键。令人鼓舞的是,非洲地区许多发展中国家的冲突事件和战争已经减少。善政是目前非洲民主体制的驱动力之一。创新的金融市场同样有助于贸易的改善和经济的快速增长。

很少有人意识到在非洲投资的前景,但许多人意识到了在非洲投资的风险。尽管非洲提供了巨大的商机,但风险同样显而易见。一些重大风险包括脆弱的财政和货币政策、高税率、汇率波动、通胀率、国有化问题、基础设施不足、技能短缺和官僚主义。

与此形成对比的是,非洲的新消费市场容量已增长到近10亿客户,这提供了巨大的商机。根据国际货币基金组织的数据,中产阶级的崛起导致了对消费品和服务需求的增加。通信基础设施的爆炸性增长是客户需求上涨的一个典型例子。例如,1999年至2004年,非洲对手机的需求以每年58%的速度增长,而同期亚洲的增长则保持在35%。到2015年,超过41%的非洲人口订购了移动服务,为该地区的经济贡献超1000亿美元。

在所有指标中,非洲电信业的增长表明非洲对全球经济的战略意义与日俱增。非洲目前是仅次于亚洲和欧洲的世界第三大移动和智能手机市场。到2023年，撒哈拉以南非洲的移动用户将超过10亿。根据2018年爱立信移动报告，智能手机用户将在同年达到85%。大多数非洲国家逆全球衰退之势而上，成为全球投资者的重要市场。全球金融危机后不久，许多非洲国家的经济表现超过了发达国家。这让非洲现有投资者扩大了规模，并带来了新的投资者。

虽然大多数传统投资者都是为了自然资源而来，但现在城市交通和物流领域出现了新的趋势和机遇。由于城市人口不断增长，上下班和其他活动的交通需求很高。像优步（Uber）这样的品牌抓住了这个机会。此外，随着对商品需求的不断增加，公司和个人也开展送货和囤货业务。越来越多忙碌的中产阶级现在更青睐产品送货上门服务。非洲急切地期待物流服务的增加，因为这将为消费者提供更多选择，让他们可以要求包裹配送并将商品直接从源头发送到目的地，以满足他们的生活需求。这种情况在南非和肯尼亚等国已经开始出现。随着加纳开始建立数字地址系统以提振本国经济，进一步发展的机会依然丰富。由总部位于阿克拉的Vokacom公司开发的一款名为加纳定位（Ghana Post GPS）的应用程序旨在使用地理编码技术为加纳公民生成正式的数字地址，此举的目的在于，通过将税网扩大到包括非正规贸易在内的更多业务来使该国经济正规化，并改善房地产市场和整体服务业。

农产品加工等部门需要更多投资者。由于农产品加工技术不发达，易腐烂货物的加工水平有限导致大量农产品被浪费。例如，尼日利亚和加纳收割后损失的西红柿比他们加工和保存的西红柿要多。尼日利亚Erisco食品有限公司的首席执行官埃里克·乌梅菲亚（Eric Umeofia）表示，这种浪费占比高达整体年度收成的75%。如果尼日利亚能够将新鲜西红柿转化为番茄酱，就可以为国家节省目前从中国进口番茄酱所花费的10亿美元。

人们对食品行业的兴趣与日俱增。2018年，南非咖啡店和餐馆的收入增长了7%，快餐连锁店的收入增长了7.1%。2018年3月，世界最大的比萨连锁店之一必胜客开设了撒哈拉以南非洲的第100家门店，这是在该品牌于2014年9月开设第一家撒哈拉以南非洲门店三年半之后。加上分布于埃及、摩洛哥和阿尔及利亚的90家门店，在16个非洲国家的必胜客门店达到190家。

其他成熟的投资领域包括满足人们对非洲面料和时装日益发展的品位的纺织业，以及针对初创企业的融资和商业支持服务。非洲开发银行估计，非洲时装产业在未来5年可能产生约150亿美元的收入。非洲大陆的创新商业想法迫切需要资金，以换取良好的利润。其中一些想法包括利用科技提供服务并交付有前途的产品，从而为价值链增加价值。根据一份非洲科技融资报告，2016年，非洲科技初创企业筹集了超过1.29亿美元资金以支持他们的倡议。例如，2016年，社交软件脸书（Facebook）创始人马克·扎克伯格和他的妻子普莉希拉·陈（Priscilla Chan）通过陈和扎克伯格基金会向非洲初创公司Andela投资了2400万美元。该公司在非洲培训工程师和程序员，并将他们外包给美国和欧洲的顶级全球公司。

鉴于非洲各国经济不同方面的多样性，在非洲经商没有一个最好的框架。每个国家都有自己的历史、政治和社会经济制度以及文化。每一个领域都伴随着特定和独特的风险。一些经验丰富的商业专家建议投资者建立或启动创新的商业流程，以应对出现的风险。另一些商业专家则建议立即处理潜在风险。最重要的做法是持续进行尽职调查，这可能决定一个人投资的成败。这时候就需要找了解当地情况的业务增长顾问和咨询师提供支持。

世界银行的经商便利度指数可以作为非洲地区的潜在投资者或希望扩张到非洲大陆这一新市场的现有投资者和企业的起点。世界银行根据经商便利度（1到190）对不同经济体进行排名。该指数衡量的是一个国家在各领域的综合排名，如创业、办理许可证、注册企业、获得电力、税收和执行合同。较低的数字排名意味着有利于贸易的商业环境。毛里求斯以25的指数领先,成为非洲最容易经商的国家,随后是卢旺达(41)、肯尼亚(80)、博茨瓦纳(81)和南非(82)。各领域的所有排名如表5.1所示。

表5.1 世界银行非洲经商便利度指数(1=高;190=低)

经济体	经商便利度排名	筛选后的排名	创办一家企业	办理许可证 施工许可证	获得电力	登记财产	获得信贷	保护中小投资者	纳税	跨境贸易	执行合同	解决破产问题
毛里求斯	25	1	2	1	1	2	9	4	1	4	1	1
卢旺达	41	2	12	16	9	1	2	1	4	6	9	6
肯尼亚	80	3	18	19	3	21	5	5	14	9	10	12
博茨瓦纳	81	4	31	5	11	5	15	6	6	3	24	7
南非	82	5	26	11	6	11	12	2	5	26	18	2
赞比亚	85	6	15	7	24	30	1	10	2	27	22	9
塞舌尔	95	7	28	22	14	3	24	16	3	7	23	3
莱索托	104	8	19	36	22	13	13	17	16	2	11	24
纳米比亚	106	9	38	14	2	41	11	11	8	19	4	23
马拉维	110	10	30	26	31	8	3	14	21	15	30	29
斯威士兰	112	11	32	12	27	16	14	25	7	1	39	20

续表

经济体	经商便利度排名	筛选后的排名	创办一家企业	办理许可证施工许可证	获得电力	登记财产	获得信贷	保护中小投资者	纳税	跨境贸易	执行合同	解决破产问题
加纳	120	12	17	21	16	18	7	12	17	30	19	36
乌干达	122	13	35	29	34	20	8	15	12	18	5	19
佛得角	127	14	14	6	18	4	19	39	10	10	2	45
坦桑尼亚	137	15	34	33	4	28	6	19	27	42	3	16
莫桑比克	138	16	27	4	21	10	38	22	18	11	46	4
科特迪瓦	139	17	5	31	13	15	32	32	38	29	14	5
塞内加尔	140	18	9	27	8	19	27	21	40	21	26	10
马里	143	19	16	24	23	25	28	29	32	5	34	11
尼日尔	144	20	1	35	29	17	37	27	29	17	25	18
尼日利亚	145	21	23	28	33	45	4	3	35	43	12	31
冈比亚	146	22	37	17	25	24	21	41	34	8	16	27
布基纳法索	148	23	10	3	40	27	34	34	26	13	36	13
毛里塔尼亚	150	24	4	15	20	9	39	18	41	23	6	48
贝宁	151	25	7	2	35	23	30	31	37	22	40	14
圭亚那	153	26	22	8	26	29	29	30	43	34	20	17

续表

经济体	经商便利度排名	筛选后的排名	创办一家企业	办理许可证 施工许可证	获得电力	登记财产	获得信贷	保护中小投资者	纳税	跨境贸易	执行合同	解决破产问题
多哥	156	27	20	39	17	47	33	36	36	16	27	8
科摩罗	158	28	26	9	15	14	20	28	33	12	44	46
津巴布韦	159	29	42	40	28	12	17	9	24	28	37	35
塞拉利昂	160	30	13	44	39	36	40	8	13	32	13	37
埃塞俄比亚	161	31	39	38	12	26	42	43	20	35	7	22
马达加斯加	162	32	11	45	45	34	23	13	19	20	33	28
喀麦隆	163	33	21	25	10	42	10	23	44	46	35	25
布隆迪	164	34	3	37	43	7	45	20	23	23	29	30
加蓬	167	35	24	30	32	40	18	38	31	36	43	26
圣多美和普林西比	169	36	29	13	7	38	41	47	22	14	47	42
苏丹	170	37	33	23	5	6	43	46	30	45	28	34
利比里亚	172	38	6	46	37	48	16	45	9	39	42	15
赤道几内亚	173	39	44	34	19	35	22	26	39	38	15	47
安哥拉	175	40	25	10	30	39	46	7	15	41	48	43
几内亚比绍	176	41	41	41	41	22	36	24	28	24	38	44

续表

经济体	经商便利度排名	筛选后的排名	创办一家企业	办理许可证施工许可证	获得电力	登记财产	获得信贷	保护中小投资者	纳税	跨境贸易	执行合同	解决破产问题
刚果共和国	179	42	40	20	42	43	25	33	45	44	32	21
乍得	180	43	46	32	38	33	26	37	47	37	31	32
刚果民主共和国	182	44	8	18	36	32	31	40	42	47	41	38
中非共和国	184	45	48	43	44	37	35	35	46	25	45	33
南苏丹	187	46	43	42	47	46	44	44	8	40	8	40
厄立特里亚	189	47	45	48	46	44	48	42	25	48	21	41
索马里	190	48	47	47	48	31	47	48	48	31	17	39

资料来源：世界银行经商便利度指数，2017。

2.了解市场研究在非洲意味着什么？

了解在非洲投资什么项目或使用什么商业方法是商业探索过程中的关键一步。在非洲投资需要花费时间和精力以了解市场的各个方面。这使投资者得以发展适当的关系、产品和服务，以满足消费者的需求并产生销量和利润。开始在非洲投资之前，公司和投资者应该进行市场研究。

在非洲进行市场研究和既有研究完全不同。非洲大陆的面积，这块大陆上的1500多种语言，在进入一些城市、城镇和农村市场时面临的困难，非洲市场的极端复杂性，现有数据中缺失的环节以及有限的及时数据，所有这些因素都使得在非洲进行初步市场研究成了一项艰巨的任务。解决这一问题的最好方法是为涉及社会各阶层的实地市场研究做好预算，或者与其他具有相似目标的公司合作，以合并调查问卷，从而获得所需的结果。通过这种方式，成本得到了分担，结果则变得更加丰富。也可购买现有研究，但问题是相关数据要么过时，要么与当前需求脱节。这样的数据可能无法提供即时决策所需的信息。此外，这些信息可能过于笼统，并非是为特定的市场需求量身定制的。

对于企业或投资者来说，最好的建议是从运营国寻求可靠的商业情报。当地有良好过往记录的代理商可以提供此类商业指导。更加重要的是对非洲目标国商业环境中的不同利益部门进行SWOT（优势、劣势、机会和威胁）分析。这一评估可以包括对投资机遇、风险、成本、政府和地方领导人以及现有和潜在合作伙伴提供的支持或激励措施进行的评估。这凸显了企业进行市场研究对于了解客户的需求、推动经济发展的因素以及他们面临的竞争水平来说是多么重要。

当投资者和企业重新调整他们的市场研究范围，把对当地的认识和对他们的商品和服务的需求水平纳入其中时，他们将获得回报。

3.不可或缺的商业主张和原则

虽然许多现有数据与非洲大陆经济各个方面有关，但目前的文献没有提供定性研究解释在非洲的投资者所面临的挑战。例如，大多数非洲国家的人口构成特征是不同的，特别是在宗教、文化和语言方面。此外，每个民族都有不同的语言、宗教和文化特征。因此，非洲的民族性是复杂的。懂得企业所在国的至少一种官方语言是非常重要的。对当地习俗、当地商业语言和术语以及商业合同有基本的了解也很重要。

当潜在投资者或企业遵循两个原则时，他们将免于财务损失和诉讼的风险。这两个原则是透明度和问责。努力杜绝偷工减料，不从事私下行贿等腐败活动，为人诚实守信，不利用他人并在此后将其抛弃。非洲是一个幅员辽阔的大洲，但商业环境和网络非常狭小且相互关联。这意味着消息很快就会传开。不遵守上述原则将导致一场商业噩梦。最重要的是，不要贪图轻易得来的钱财，避免卷入潜在的政治斗争。如果投资者或企业被认为与特定的政党或政府关系密切，这种情况就会发生。在一个政局和执政政府平均四五年更换一次的大陆，这不是明智之举。

在没有有效反对派的国家，当执政党不受人民欢迎时，投资者与执政党结盟可能会适得其反。在一些案例中，投资者的自身政治关系和公众的敌意有时会迫使金融机构和法院对这类企业采取制裁，投资者因而不得不离开该国。这种情况下的投资损失和对品牌的损害是巨大的。大多数非洲国家正在努力进行持续的政治改革，因此，最糟糕的事情是被视为与变革或改善之举背道而驰。

值得注意的是，除了潜在投资者不能忽视的各种因素外，非洲地区的经商便利度还取决于一系列原则。重要的是，潜在投资者应该专注于为客户提供最好的产品和服务，同时遵守所在国商业管理的规章制度。鉴于非洲的商机规模，特别是新兴部门的商机，该地区的每位投资者都可以分得一杯羹。

非洲人口结构中蕴藏的潜力

非洲的人力资本仍然是非洲未来的核心。非洲拥有一批有前途的年轻人口，他们准备进行创新，并利用现有技术实现非洲大陆服务和流程的自动化。非洲地区的实力是由迅速壮大的中产阶级推动的。此外，到2035年，撒哈拉以南非洲的劳动年龄人口（15至64岁）估计将超过世界其他地区。非洲的人口结构也显示出巨大的商机。非洲拥有世界上最多的青年人口，超过50%的人口年龄在25岁以下。据全球人口估计，到2050年，非洲人口将超过20亿。预测显示，未来30年，非洲人口中青年的比例可能为50%，也就是10亿人。

但对大多数非洲人，尤其是年轻人来说，激发推动非洲大陆经济增长的潜力并非易事。许多非洲年轻人很早就意识到，政府提供的救济很少。他们被迫意识到，只有努力工作、坚韧不拔并致力于实现自己的梦想，才能在生活中取得成功。尽管许多国家因为资源缺乏和数十年的冲突，遭受了歧视、虐待和破坏，但生存技能帮助非洲大陆的人们在贫困大潮中逆流而上。当你在非洲或其他发展中地区长大时，你周围的贫困可以成为一种动力，鞭策你在生活中取得成功，避免成为另一个贫困统计数字。然而，并非所有情况都是如此。帮助非洲儿童和成年人摆脱贫困的非政府组织赋能希望（Empower Hope）的创始人兼执行董事鲍勃·库克（Bob Cook）表达了这样一种观点："当你看着贫困儿童时，他们眼睛里的光就像熄灭了一样。"

由于上层人士做出的种种糟糕决定，非洲大陆的许多年轻人失去了希望。这些年轻人需要接受教育，只有这样他们才能在面对世界时充满希望。

为了使非洲人口保持快速增长，非洲各国政府必须采取更多措施改善人民的生活条件和整体健康状况。这些努力将延长非洲大陆人口的预期寿命，特别是在中非共和国这样的国家，该国人口的平均预期寿命是世界上最低的，不到46岁。尼日利亚、坦桑尼亚和乌干达等国的人口持续大幅增长。事实上，非洲大多数国家的人口都在以每年超过2%的速度增长。

值得庆幸的是，民主、人权、法治、经济改革、外国投资以及活动家和非政府组织的努力正在改变非洲大陆，并帮助穷人实现他们的梦想。非洲人口不断增长，自然资源不断被发现，仍有大片耕地有待耕种。联合国粮食及农业组织估计，到2050年，非洲的可耕地面积将达到3亿公顷。

非洲经济正在稳步增长。维持这种增长不仅需要妥善利用非洲的资源，还需要健全的政策、战略投资伙伴关系和创新的想法。根据《世界人口年鉴》的报告，2016年，非洲人口估计为12亿，人口密度约为每平方千米30.51人，是人口密度仅次于亚洲的世界第二大陆。非洲还是54个公认的主权国家的所在地。非洲大陆的人口在2009年突破10亿大关，并预计在未来27年内增长100%。世界银行估计，到

2060年，非洲人口将增加到28亿，全球人口总数将达到101亿——亚洲52亿，非洲28亿，美洲13亿，欧洲7亿，世界其他地区1亿。

非洲地区的青年人口也在增长。到2020年，非洲青年人数仍将迅速增长，而亚洲青年人口将会下降。此外，如图5.1所示，从2065年起，非洲的青年人口将超过亚洲的青年人口。这在未来为投资者提供了与非洲青年人口和劳动力有关的机会。

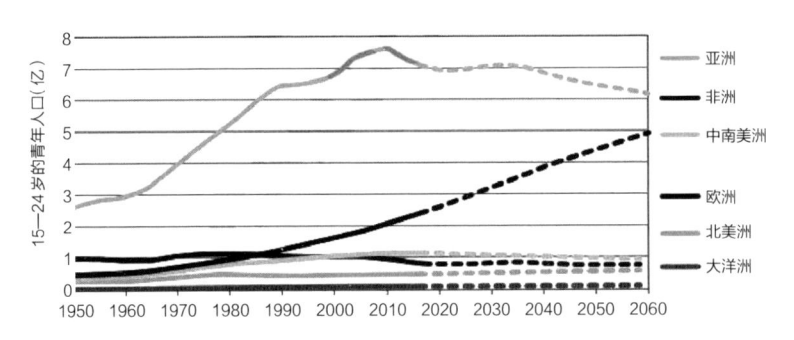

图5.1　1950—2060年间非洲与其他大陆的青年人口增长比较

资料来源：联合国《世界人口展望：2012年修订版》（2013）。

表5.2显示了对2020年至2050年人口最多和人口最少的非洲国家的预测。例如，预计到2050年，非洲最大人口国尼日利亚的人口将达到4.08亿以上，而塞舌尔的人口预计将达到10万。表5.2显示了按年份列出的当前人口统计特征。

表5.2 2020年和2050年的非洲人口增长情况

15个人口密度最大的国家	人口规模（千）	
	2020年	2050年
尼日利亚	206831	408808
埃塞俄比亚	111970	190355
埃及	100518	153210
刚果民主共和国	90169	197120
南非	56669	72300
坦桑尼亚	62268	137985
肯尼亚	52187	95505
阿尔及利亚	43008	57270
乌干达	45857	104998
苏丹	45309	80284
摩洛哥	36444	45660
莫桑比克	31993	67755
加纳	30531	51268
马达加斯加	27799	54102
喀麦隆	26333	49800
人口最稀少的国家	人口规模（千）	
塞舌尔	99	100
圣多美和普林西比	211	378
马约特岛（Mayotte）	263	497
佛得角	553	730

资料来源：联合国《世界人口展望：2017年修订版》（2018）；《人口金字塔》（*Population Pyramid*），2018；《非洲商业阶层报告》（*Africa Business Class presentation*），2018。

非洲人口的增长速度支持了专家们的预测——到2050年，非洲人口将超过25亿。这一人口增长预计来自人口增长率较高的国家，包括坦桑尼亚，预计到2100年，坦桑尼亚人口将达到3.03亿。此外，如图5.2所示，在2020年至2100年期间，15至24岁的人口将占撒哈拉以南非洲总人口的很大一部分，这表明该地区的劳动年龄人口增长强劲。到2040年，世界上一半的年轻人将是非洲人。如图5.3所示，东非和西非这两个次区域的人口增长率将最高，而南部非洲将保持较低的线性增长，因为该地区最大的两个经济体南非和博茨瓦纳实现了人口均衡。

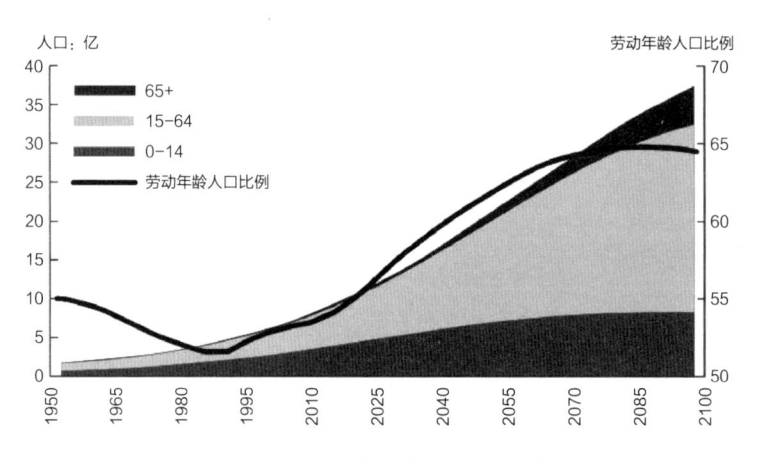

图5.2 1950—2100年撒哈拉以南非洲的人口构成

资料来源：联合国《世界人口展望》（2012）；国际货币基金组织工作组。

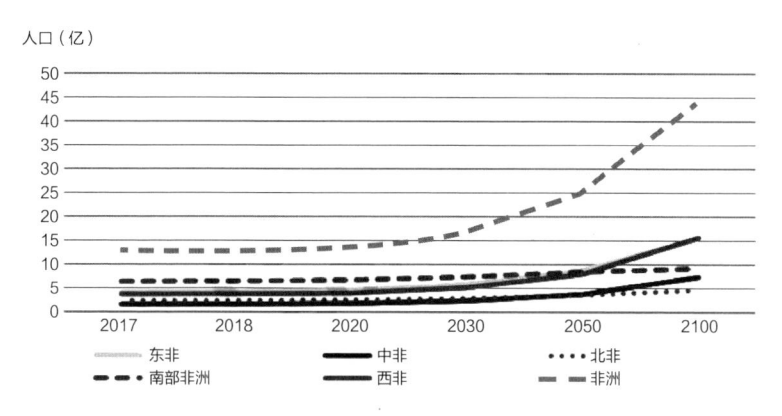

图5.3 2017—2100年非洲各地区的人口趋势

资料来源：联合国《世界人口展望：2017年修订版》，Worldometers。

非洲结构多样的族裔群体反映了一个复杂的社会，因此任何非洲国家都不能被描述为一个由来自同一血统的单一群体组成的单一国家。在非洲大陆的大部分地区也有相当数量的亚洲人和白人。在加纳、肯尼亚、南非、坦桑尼亚和乌干达等前英国殖民地，情况尤其如此。随着非洲人口的增长，对教育和就业的需求也会增加。这些都是有待企业家和投资者探索的领域。例如，对和教育有关的服务或设施以及招聘服务的投资正在迅速增加。

在决定加入雀巢和可口可乐等已在非洲大陆的其他公司的行列后，卡夫食品（Kraft Foods）、沃达丰和沃尔玛等公司已开始从中受益。据沃尔玛公司的新闻报道，该公司于

2011年收购了麦氏玛（Massmart）的多数股权，以便从麦氏玛的400多家门店获利，其中包括南非和其他12个撒哈拉以南非洲国家的分店如Game、Makro、Builders和DionWire。这些扩张之旅一开始可能具有挑战性，但一旦获得市场和竞争渗透，结果将是值得的。目前的数据大致反映了越来越多外国公司的情况。非洲目前有700多家大公司，总收入在1.4万亿美元左右。专家估计，一家公司每年的平均收入约为20亿美元。

非洲大陆的人口爆炸使非洲成为一个前景光明的消费市场，该市场会花钱购买精心设计的产品和服务。非洲将拥有足够的劳动年龄人口，推动非洲大陆的经济增长和转型。这意味着，已经进入或现在打算进入非洲市场的品牌将在几年内受益，因为他们将在一个制造业和服务业仍在增长的巨大消费市场中成为成熟和值得信赖的品牌。不用说，更加健康的人口和受过更好教育的青年将使非洲在经济上处于更有利地位。这意味着非洲政府需要将重点放在教育和提高该地区人民的技能上，以满足投资者和企业向非洲扩张时的需要。

关于非洲投资前景的事实

非洲不断增长的经济具有许多机遇，这些机会为投资者和企业提供了发挥重要作用以换取良好回报的机会。除了这些机会外，非洲正在教育更多的人，而此举正在培养更多的中产阶级专业人士。这些专业人士生活在城市中心，喜欢高端的本地品牌和国际品牌。例如，2017年，德国宝马公司追加投资1100万美元（1.6亿兰特），扩大了其位于南非的罗斯林（Rosslyn）工厂。扩大工厂的目的是提高产量，以满足市场对该公司产品日益增长的需求。在此之前，宝马公司曾于2015年宣布在南非投资4.24亿美元，以扩大新一代宝马X3的产量。

将投资者吸引到非洲的另一个因素是越来越多的非洲返乡侨民，他们喜欢国际产品，并有能力弥合非洲和西方之间的职业差距。非洲的年轻人也在进入农业部门并寻找投资伙伴。这些年轻人中的大多数要么继承了土地，要么获得了政府分配的土地，后者是政府为鼓励非洲青年投身农业所做的持续努力的一部分。

《非洲商业阶层》（*Africa Business Class*）的分析和预测显示，在2019—2020年最具吸引力的12个非洲国家中（见图5.4），南非独占鳌头，随后是埃及、加纳、摩洛哥、埃塞俄比亚和尼日利亚。《非洲商业阶层》的分析基于经商便利度指数、增长率、货币和资本市场的稳定性、投资回报率、通货膨胀、发展速度、制度强度和合同执行水平。南非为企业提供了良好的结构性基础设施和技术性基础设施。这些基础设施包括便捷的航班线、成熟的制造业、办公设施、良好的公路网和可靠的互联网服务。埃及中产阶级和城市人口不断增长，并且给投资者提供了商业基础设施、强劲的资本市场和复兴的旅游业。加纳的贡献包括稳定的宏观经济环境、稳定的政局、良好的基础设施、竞争激烈的房地产市场以及旨在减少官僚主义、确保私营部门增长的强有力的商业监管改革。事实上，在榜单上的12个国家中，从农业综合企业、基础设施和人力资本到能源、采掘性资源、移动基础设施、时装、艺术、文化以及蓬勃发展的年轻人口，每个国家都有很多可以提供的东西。

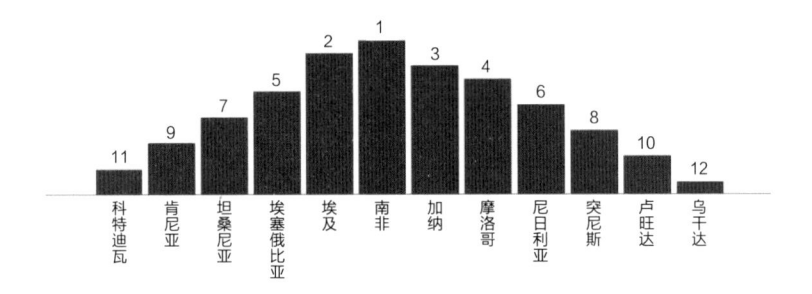

图5.4　2019—2020年最具投资吸引力的12个非洲国家

资料来源：《非洲商业阶层》，2018（数据：世界银行、国际货币基金组织、非洲开发银行、联合国贸易和发展会议）。

表5.3列出了在外国企业注册便利度方面排名前15位的非洲国家。这些国家也是多年来吸引投资者的国家。它们持续放宽商业法律，以创造有利和灵活的经商环境。在其中大多数国家，申请注册一家公司并获得公司注册证书并不像中间人所说的那样烦琐。然而，获得随附的经营许可证需要更长的时间。当你准备好所有必需的文件时，流程将顺利进行。

表5.3 在外国企业注册便利度方面排名前15位的非洲国家

国家	费用（美元）±	解释	时间长短 ±
卢旺达	不收费；电子记账机和交易许可证（"营业执照"）除外。	外国公司注册。 不需要实体办公室、常驻董事或秘书。 根据法律规定，每家公司或每位纳税人必须从经认证的供应商处购买一台电子记账机。 纳税过程需要将近4天。 获得进口许可证需要6至8天，出口清关需要10至12天。 获得营业执照需要1至10天。	6小时~4天
利比里亚	40	公司名称（2到4小时），注册和营业执照。不需要资本。	3~4天
毛里塔尼亚	50~400	创办一家企业只需要极少资本。营业许可证是免费的，由该国劳动部颁发。在注册一家企业之前，公司必须有一个银行账户。	5~7小时
博茨瓦纳	35	要注册公司，企业主（们）必须提交一份完整的申请表，随附公司名称保留证书（±3天，费用2美元）和符合公司注册法定要求的声明。 代理人收取±180美元的费用，为客户获得贸易许可证。	6~15小时

续表

国家	费用（美元）±	解释	时间长短 ±
南非	10~75	公司名称许可登记是通过公司和知识产权委员会进行的（费用为4美元）。填写申请表并在知识产权委员会注册。代理人将就相关服务收取±75美元费用。 开设一个银行账户，24小时。在南非税务局登记所得税、增值税和雇员预扣税（工资税和雇员标准所得税）。 南非税务局，12天。 在南非劳工部登记失业保险，4天。 在专员处登记，以符合《因工伤病赔偿基金法》，20天。	±30分钟 5~20天
塞内加尔	45~100	公司注册和所有相关文件都在一栋大楼里完成（一站式服务）。中心协调员密切监督交付时间表。法律规定，申请人必须拥有230至400美元银行存款。	6天
加蓬	300~450	60美元用于保留公司名称。公司所有者还必须缴存股本。	3~6周
马里	450~600	注册过程始于在银行或公证处存入初始资本。 填好的注册表以及经合法认证的表格和证明文件应提交给一站式服务机构。 有犯罪记录的人在注册公司时将面临挑战。审核所需材料为一份签署的宣誓书和一份无犯罪记录证明。	5~7天
塞舌尔	750~850	保留公司名称不收费。 注册费取决于企业注册的类型。公司所有者必须前往注册总署公司处注册公司和保留名称。 取得营业执照大约需要10至15天。	18~35天

续表

国家	费用（美元）±	解释	时间长短±
埃及	20~50	需要最低启动资本。 公司注册证书由埃及投资与自由区总局免费颁发。 妇女可能需要配偶的同意才能离家注册公司。	18~15天
塞拉利昂	30~140	填妥的注册文件必须提交给公司事务委员会。营业执照和注册证书需从位于行政注册总局内的弗里敦市议会服务台领取。	9~11天
莫桑比克	20	在某些情况下，费用根据股本按应税百分比收取。 不需要公司秘书和常驻董事。	9天
毛里求斯	85~150	在毛里求斯注册的公司可以是100%的外资企业，没有最低资本限制。 妇女在企业注册过程中可能需要提交结婚证书。 除从事烟酒销售或赌博业的商人外，所有企业均免除交易费（±150美元）。	5~8天
布基纳法索	85+3%启动资本	启动公司注册需要提供银行存款证明。 注册和营业执照。 在企业手续中心进行注册。 启动注册程序需要一份宣誓书，同时需要在2个月内提交一份无犯罪记录证明。	13天
加纳	320~350	在加纳注册总局或加纳税务总局开始注册程序时需要一个强制性的税务识别码（2天，不收费）。公司注册处现在自动向加纳国内税务局登记新公司。增值税按15%收取，包括2.5%的国家医疗保险税。	15天

资料来源：《非洲商业阶层》，2019；世界银行；毛里求斯投资局。

移动通信和技术是未来

非洲地区已经成为发展中世界技术进步的前沿。移动技术持续让非洲变得更好。如今，许多城市、城镇和偏远地区都通过移动网络相互连接。人们更容易进行通信，获得服务。有了移动技术，孙儿辈能够与居住在农村的祖父母交流，学生能够学习线上课程，人们能够收到对即将发生的自然灾害的预警，非洲市场能够轻松进行交易。非洲的移动产业仍处于初级阶段，对移动基础设施有许多技术需求。2017年，非洲的互联网普及率估计为31.2%，而世界其他地区为55.8%。这为移动技术投资者提供了一个机会，他们可以借此推出与教育相关的应用程序等产品和服务，以弥合非洲教育和读写能力的不足。与此同时，随着非洲人竞相使用WhatsApp、脸书和照片墙（Instagram）等社交媒体平台，投资者和企业将获得巨大的机遇。

尽管非洲的移动业务增长和连接度超过了固网业务，但互联网连接度仍未突破50%这一关口。2017年，在非洲地区的12亿人口中，互联网用户仅为3.45亿。糟糕的实体结构和道路状况也阻碍了非洲的互联网普及速度。例如，地下互联网电缆被雨水侵蚀后裸露在外；在一些国家，互联网服务因铜缆失窃而中断。

越来越多的非洲人通过各种设备（尤其是手机）使用互联网，以获取新闻并与家人和朋友聊天。城市中心的大多数非洲人每天都在使用互联网。截至2017年，互联网用户数量排名前10的非洲国家是尼日利亚（互联网用户为9200万）、埃及（3500万）、肯尼亚（3200万）、南非（2860万）、摩洛哥（2000万）、阿尔及利亚（1500万）、乌干达（1200万）、苏丹（1100万）、加纳（800万）和坦桑尼亚（760万）。据悉，未来5年，互联网接入可使非洲地区每年的GDP增加约3000亿美元。

如今，小企业主正在通过社交媒体和聊天消息获取创业技巧，同时利用电子商务为客户带去灵活性并改善购物体验。在其他地方，农民正在获得即时天气情况、病虫害防治支持和产品市场信息。据估计，到2025年，数字技术可为60%以上的非洲人提供银行服务。原本无法使用实体银行或自动取款机的约90%非洲人口可以使用移动钱包进行各种交易和汇款。因此，这些人可以在他们的移动设备上远程交易、存储和管理他们的资金，在确保金融安全的同时建设信用。

图5.5显示，2015年，撒哈拉以南非洲每100人中有75.7个移动用户。这使54个非洲国家中的45个平均每100人有约50个手机用户，即2个人中有1个移动电话用户。世界平均水平是每100人中有107个手机用户。从全球平均水平来看，已

有22个非洲国家超过了这一统计数字。这种增长将持续到未来，而移动宽带增长将紧随其后。这种增长以固定宽带和固定电话为代价，它们正逐渐让位于移动技术。

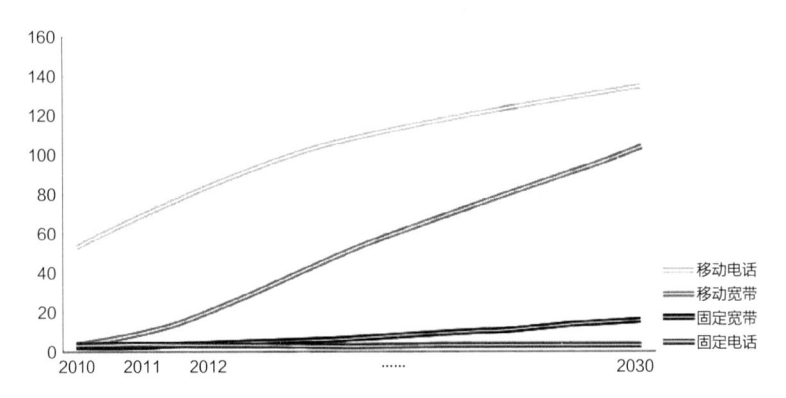

图5.5　2010—2030年非洲每百人中信息与通信技术用户数量

资料来源：国际电信联盟（International Telecommunications Union）。

非洲拥有逾12亿人口和逾8亿尚未使用互联网的人口，这使投资者拥有巨大的潜在互联网渗透市场。这将支持教育、零售、物流和农业等其他部门的发展。据估计，到2025年，非洲的移动用户可能突破10亿大关，到2020年，79%的非洲人口将拥有手机。这些发展将极大地促进非洲的经济繁荣，同时使产品和服务更接近市场和消费者。

贸易如何促进非洲的工业化？

撒哈拉以南非洲近年来的经济前景表明，贸易在整个非洲的经济增长中发挥着重要作用。该地区目前的趋势表明，正规和非正规贸易有可能促进由贸易引起的工业化。为此，非洲国家制定并实施了经过精心设计的贸易政策和改革。这些政策需要进一步的管理和定期监测，以保护非洲地区乃至全球的发展和增长。

然而，不同的问题仍然存在，并挑战着非洲大陆保持强劲的经济增长、包容性的可持续发展和在减贫方面取得进展。对当前增长的主要挑战是，非洲大陆无力促进该地区不同经济体的结构转型，从而释放工业化的全部潜力。尽管制造业中间产品的进口量似乎显著扩大，但这一趋势未能改变非洲的非工业化。这使得增加由加工和其他工业活动构建的区域供应链成了一个遥远的目标。尽管加纳和科特迪瓦是世界上领先的可可生产国，但两国超市货架上的许多巧克力都来自瑞士。此外，非洲大陆的大多数产油国都为本国消费市场进口成品油。这表明非洲在工业加工的回报上损失惨重。一项对非洲发展进行的审查表明，持续依赖农业和服务部门只能带来有限的增长。然而，工业化创造的直接和间接就业以及与其他经济部门的联系，确实为非洲经济体带来了转型的希望。它还确保经济增长带来可持续发展。

贸易和工业化相辅相成。工业化促进贸易，贸易促进工业化。工业化强调贸易在促进工业发展和改良方面的作用。从本质上讲，这两种力量影响对出口结构和进出口以及生产方面的贸易政策目标的评估。

基于工业和贸易之间的密切联系，联合国非洲经济委员会《2015年非洲经济报告》中评估了贸易在加快非洲工业化和结构性变化中的作用。该报告还关注了非洲大陆的工业化，以及在充满活力的全球和区域经济环境中利用贸易面临的机遇和挑战。

《2015年非洲经济报告》还表明，非洲贸易可以成为促进非洲工业发展和转型的重要工具。促进创新和利用现有资源的贸易政策可以帮助企业实现充满活力的工业化。此外，促进工业化的一个关键因素是在升级相对成熟的部门和保护与支持脆弱部门之间取得平衡。当然，这个过程并不是一项简单的任务，尽管大多数工业化国家认为这是一个可行的过程。跨国产业伙伴关系也是一条可行的道路。拥有基础设施和机械技术的国家可以提出为其他国家加工原材料，以换取它们缺乏的其他资源或资金。这不仅将成为一种收入来源，而且将确保所产生的资本留在非洲地区。

根据世界经济论坛的数据，与全球趋势一致，咖啡、可可和白银等中间商品占非洲进出口商品贸易的很大一部分，占进口总额的近60%，占出口总额的近80%。此外，中间商品是非洲商品和商业中最具活力的部分。非洲想要在工业部门取得胜利，就必须继续投资支持非洲劳动力的工业技能发展。这将有助于非洲工业化进程实现完全转变，为非洲不断增长的城市和中产阶级人口提供资金，并确保经济持续增长。

如何利用非洲的贸易表现？

纵观非洲大陆的长度和广度，从约翰内斯堡到阿克拉，从拉巴特到开罗，从达喀尔到亚的斯亚贝巴，一种增长模式正在出现——中产阶级正日益推动国内（产品）需求和价格。但这个成功故事不会长久继续，因为该地区很快就会发现，随着非洲人口的激增，满足上述需求将非常困难。从长远来看，非洲大陆需要找到能够填补这一缺口的全球贸易伙伴。这既需要区域一体化，也需要全球一体化。非洲与世界其他地区的一体化水平，可以根据非洲的全球贸易情况以及非洲如何利用良好的进出口系统促进跨境贸易进行评估。此外，非洲必须通过投资本地区年轻人口的能力来提高自身的服务业水平。这将使非洲能够为全球的远程服务需求提供解决方案。

  2014年7月的油价下跌导致非洲石油出口国和整个非洲大陆的基本贸易条件急剧恶化，这并不令人意外。石油净进口国受益于全球能源产品价格的大幅下跌，非洲国家相应地从这一价格下跌中遭受损失。但是最终非洲经济会因为不会对非洲的进出口收益产生直接影响的商品价格的下降而回升。2017年，世界贸易组织的一份报告显示，非洲的商品出口在经历了过去几年的下降后在2016年再次回升。根据世界银行的数据，可可价格在2018年飙升8%，为2016年10月以来的最高涨幅。这对非洲来说是个好消息，因为全球5大可可生产国中的4个分别是科特迪瓦、加纳、尼日利亚和喀麦隆。根据联合国非洲经济委员会的数据，2018年，非洲与其他新兴市场的贸易份额为50%，并到2020年将增至70%。

  尽管非洲面临贸易和工业方面的挑战，但它仍然是世界初级商品的净出口商。到目前为止，石油仍然是非洲地区最基本的贸易商品。非洲约90%的石油出口总额来自该地区的主要出口国——尼日利亚、安哥拉、利比亚和阿尔及利亚——占非洲大陆GDP的近30%。然而，对初级商品和石油的依赖导致了该地区油价的不稳定。

  表5.4比较了非洲与世界其他地区的商品贸易表现。与世界其他地区相比，非洲2017年的商品出口表现有所提高。

总体而言，该区域是商品和商品相关服务的重要进口国和出口国。这主要是制造业欠发达造成的。

表5.4 非洲的商品贸易表现（与世界其他地区相比）

地区	出口（%）		进口（%）	
	2016年	2017年	2016年	2017年
非洲	-9.6	18.3	-10.8	7.8
亚洲	-7	18	-4.4	15.3
独立国家联合体	-16.5	24.4	-2.5	20.8
欧洲	-0.2	9.3	0.4	9.9
中东	-7.0	18	-4.5	1.1
北美洲	-3.4	7.3	-2.8	7.3
中南美洲和加勒比地区	-4.9	13.0	-14.2	7.8
全世界	-3	10.7	-2.9	10.7

资料来源：世界贸易组织，2018。

进一步调查表明，如表5.5所示，非洲的出口高度集中于未加工资源型商品。这为有志于在非洲开设制造厂和加工厂的投资者敞开了大门。由于该地区初级生产商的原材料或产品价格较低，从长远来看，该部门的投资者有望获得可观的回报。另一方面，如表5.6所示，非洲国家的进口结构相对多样化。

表5.5 非洲最主要的出口商品

出口商品
矿物燃料和原油
黄金、钻石、铂金、铁矿石、铜、钴、铝、煤
可可豆、咖啡、茶叶、香料
棕榈油、腰果、花生和花生油、乳木果油、玉米、鱼类
木材、棉花、纺织品、园艺产品
进口商品
石油产品和钢铁
资本商品
化工产品和药品
机械和电气设备
车辆和配件
科学仪器
文化服饰用品、珍珠和宝石、配件、家具、建筑材料、照明设备
大米、糖和糖果、肉类、鸡和其他食品
棉花、橡胶、纸张和纸板

资料来源：《非洲商业阶层》。

根据表5.4和表5.5，一个基本事实是，非洲的增长表现日益强劲。然而，非洲的增长并没有走上全面发展的道路，而全面发展道路是创造充足的就业机会以减轻贫困和失业所需的。因此，非洲国家必须着手制定经济战略，以社会发展为核心，同时将人力资本置于创新和工业化的核心地位。难以将初级商品转化为供非洲大陆消费的加工商品仍然是阻碍非洲成为全球经济中的制造力量的主要原因，投资伙伴和外国企业则可以填补这一缺口。

此外，为了最大限度地扩大非正规贸易对区域GDP的贡献，非洲国家必须为劳动力市场制定政策，确保有效的监管措施和社会保护机制，促进非正规企业的发展，提供信贷激励。这为更好的信息流通设施提供了补充，增加了通过供应链——从制造商到非正规贸易再到客户——获得基本商品和服务以及技术的机会。

为了利用非洲2020年8.5%的预期贸易表现，投资者应该与生产他们正在寻找的原材料或进口他们正在销售的产品的国家建立联系。一个好的起点是确定投资者想要的商品是什么，然后进行一些研究，以确定哪个国家是该商品的生产国或进口国。接下来，找一家当地的中介作为临时"最佳"员工。此时尚不应该拿出真金白银。在核实了该国确实生产或购买了这种商品之后，投资者应该进行一次可行性调查研究。此举有两个目的。首先，投资者将能够亲自验证是否选择了正确的国家和城市来开展业务。其次，这趟行程创造了建立关系和形成伙伴关系的机会。当一切准备就绪，投资者就可以确定他的产品契合价值链中的哪个环节。确定这一点十分重要，因为没有人想与行业翘楚的投资者或公司竞争。当然，除非投资者的产品独一无二，受到知识产权保护。在此期间，还需列出可能需要的文件和注册项目。

将产品运进和运出非洲需要大笔资金。因此现金流非常重要。在开始运输货物之前，你还应该获得必要的文件，否则货物可能会被扣在港口长达数月。在做完所有的准备工作后，确保你或你的代表在第一批货物装卸时在所在国。在这个阶段确保商品质量是非常重要的。这允许你与潜在供应商、客户和合作伙伴建立关系。不要错过这个大好机会。

第六章

南非是非洲的商业中心吗?

20多年来，外国投资者和企业一直倾向于将南非作为进入非洲市场的切入点。凭借自身声誉良好的制度，南非在获得外国直接投资方面领先于其他非洲国家。这有助于鼓励投资者在南非设立办事处。非洲地区的潜在投资者将南非视为所有非洲企业的中心，因为南非被普遍视为撒哈拉以南非洲48个市场和非洲大陆54个国家的中心贸易点。南非的中心地位并不是指地理位置，而是在商业基础设施方面作为西方世界和非洲之间的连接点。

然而，重要的是，公司需要更加接近它们的优先市场，即公司打算投资或经商的地点。许多跨国公司难以在非洲找到合适的地点开展业务或建立中心办事处。这是由多个原因导致的，比如一些非洲国家存在冲突、监管不力或缺乏基础设施。相比之下，南非在基础设施和商业法规方面远胜过大多数非洲国家。尽管非洲地区的一些其他国家提供了良好的基础设施，但南非拥有先进的技术平台、有效的商业法规和包括两个世界级机场在内的良好交通基础设施。南非的其他优势包括与大多数非洲国家相比更稳定的电力供应、更先进的工业部门、成熟的房地产市场和发达的电信网络。

最近，来自发达市场和新兴市场的投资者都在南非以外的非洲国家设立了办事处，以期将这些地点作为进入非洲大陆其他国家的跳板。这一新举动意味着公司在进行市场适宜性评估时考虑了整个非洲地区，以决定适合投资的地点的优先顺序。市场选择过程中，首选的是整体方法，因为这使企业能够更加有效地管理关键的新兴市场。例如，如果南非被选为进入非洲的潜在切入点，一旦在南非实现增长目标，企业或投资者就可能考虑在西非、北非、东非和中非增加一个中心，甚至在南部非洲增加一个中心。这将使它们能够监督复杂的发展结构，并最大限度地扩大自身在每个地区的市场份额。

随着投资者对非洲国家作为投资目的地的兴趣与日俱增，投资者开始质疑南非是否真的是非洲首选的商业中心。与其他非洲国家一样，南非也存在内部挑战，这些挑战有时可能会损害该国作为一些公司首选目的地的声誉，这些公司希望在南非设立总部以为非洲其他地区服务。

是什么让南非成为具有吸引力的投资中心？

南非拥有大多数外国投资者在非洲大陆寻求投资机遇时所渴望的属性。该国拥有非洲地区最成熟、最多元化的经济。其商业环境的特点是强大的服务部门、庞大的正规贸易、有利于商业的法律体系和坚实的工业基础。其他积极的属性包括体面的医疗体系、住房、教育和拥有众多娱乐项目、充满活力的生活方式。尽管尼日利亚、加纳、埃及、博茨瓦纳和肯尼亚等其他主要经济体也可以说表现出了这些属性，但南非因其在交付方面的卓越历史脱颖而出。

一些基本事实使南非成为非洲地区杰出和具有竞争力的国家，其中包括南非作为非洲最大经济体之一的地位。南非还是唯一一个拥有G20和金砖国家成员资格的非洲国家。此外，世界经济论坛2010年的全球报告显示，在全球139个国家中，南非是排名第54位的最具竞争力经济体。在《2017—2018年全球竞争力报告》（*The Global Competitiveness Report 2017—2018*）中，南非小幅下滑至第61位，但仍领先于塞浦路斯（第64位）和巴西（第80位）。南非的基础设施建设势头强劲。此外，该国还拥有整个非洲大陆最佳的法律和金融体系。政治稳定同样促进了南非在该地区的商业竞争优势。

南非是一个出色的投资目的地。该国积极鼓励外国投资。根据《南非公司法律法规手册》（*South Africa Company Laws and Regulations Handbook*，2008），外国投资不需要南非政府授权。政府允许外国投资者拥有土地，也允许外国投资者完全拥有营业执照。此外，南非已经是各种国际投资保护协定的签署国。该国还是世界贸易组织的成员和许多双边、多边贸易协定的签署国。目前，非洲地区的情况没有比这更好的了。

南非独特的投资和监管框架

南非以其悠久的国际投资历史而自豪，主要投资者包括来自美国、德国和英国的公司。南非经济以自由市场框架为基础，国家控制的领域极少。除银行业、电力、铁路、广播和保险业外，外资对南非公司和企业的所有权没有任何限制。此外，投资收益可以不受限制地支付给外国投资者。

在监管框架方面，南非通过立法对商业部门进行监管，这是全国范围内的标准做法。如在《南非公司法律法规手册》（2008年）中，有一节涉及劳资关系、知识产权、竞争法、分时享有、物权法、纠纷和消费者权利等内容。甚至还有健全的《投资促进和保护法案》（*Promotion and Protection of Investment Bill*）为所有企业和投资提供全面和统一的法律制度。尽管一些人认为该法案存在争议，但它在外国和当地投资者的权利和义务之间保持了平衡。

它保证了外国投资者的人身安全和财产所有权,使他们免受国内外财产损失。在地区和全球经济体不断变化的法律要求下,南非的监管框架让大多数投资者和企业感到安心。

为什么南非依然被视为通往非洲的商业门户?

在政策支持、基础设施、人力和自然资源、市场规模和经商时的生活质量等方面,南非的商业环境因省而异。长期以来,很多公司在南非建立业务基地,以帮助它们在非洲其他地区探索商机。最初,在南非设立中心的大多数外国投资者来自美国、欧洲、日本和英国。如今,在大多数非洲国家都可以看到中国商人的身影。此外,许多中国人已经努力通过创业、艺术和文化融入非洲社区。

在过去的10年里,大多数跨国公司已经将业务从迪拜、伦敦、罗马、巴黎、北京和其他大城市转移到了非洲。这是由于日益激烈的竞争要求公司迁往一个具有增长潜力的新兴市场。与传统的基础设施路线相比,通往非洲大陆的门户也更多。今天,非洲的不同国家为在特定部门的投资提供了不同的中心。例如,南非是非洲大陆的区域金融中心和采购来源地。此外,该国还为投资者提供了制造部门的基础设施和技术技能，这些基础设施和技术技能是非洲其他地区目前无法比拟的。还必须强调的是南非拥有信息与通信技术基础设施和稳定的政治环境。

1.南非：信息与通信技术中心

在过去五年中，南非一直是非洲大陆无可争议的信息与通信技术中心。因此，大多数外国公司在非洲地区寻找其他机会时都将总部设在南非。现在，尼日利亚、肯尼亚、加纳、卢旺达和埃及等其他国家也已经发展完善，成为全球公认的创新和技术进步中心。

到2020年，全球80%的成年人口将拥有智能手机，更廉价、更具竞争力的信息与通信技术和互联网服务将使人们在经济上不再无法负担这些服务。在这方面，南非也没有掉队，因为它跻身互联网价格最便宜的五个非洲国家之列。世界银行《2016年世界发展报告：数字红利》（*World Development Report 2016: Digital Dividends*）显示，近年来，非洲互联网价格大幅下降，加纳的互联网价格最便宜，其次是马拉维、毛里求斯、加蓬和南非。图6.1显示了非洲互联网价格的概况。

| 190 | 直通非洲：掘金万亿级市场

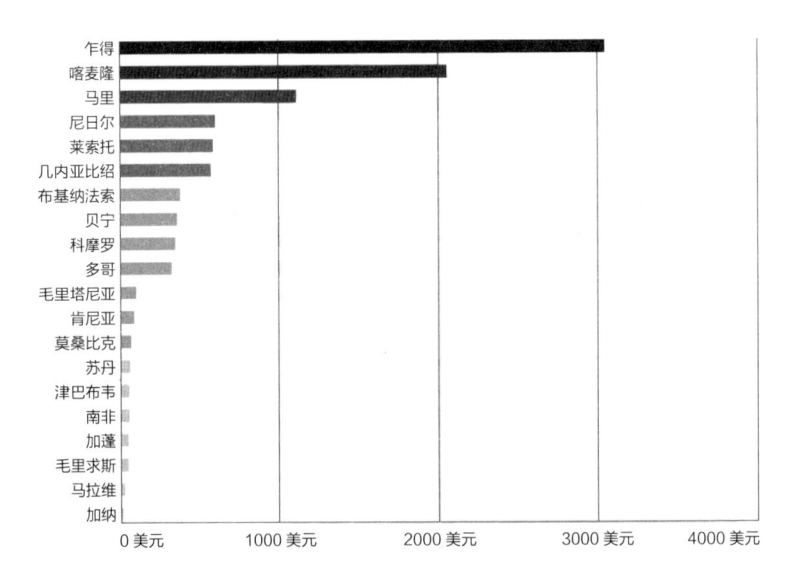

以美元购买力平价计算的固定住宅宽带服务每月每兆比特的价格。加纳的互联网价格最低，为 7 美元 / 兆比特每秒。

图6.1　2017年非洲地区的互联网价格差异

资料来源：《非洲商业阶层》；世界银行。

作为国家宽带普及战略目标的一部分，南非计划到2020年实现90%的宽带普及率目标。这对现有和潜在投资者来说都是一个好消息。在各国政府的支持下，精通技术的年轻投资者发现，将总部设在不同信息与通信技术中心是可能的，而南非就是首选之一。根据《2018年科技中心报告》（*2018 Tech Hub Report*），在非洲近445个中心中，南非以59个中心引领非洲的科技革命，尼日利亚以55个中心紧随其后，埃及以34个中心位居第三，肯尼亚以30个中心排在第四位，紧随其后的摩洛哥有25个中心。图7.2显示，就信息与通信技术投资而言，南非仍将是首选目的地，因为它继续在非洲十大科技中心排名中占据主导地位。

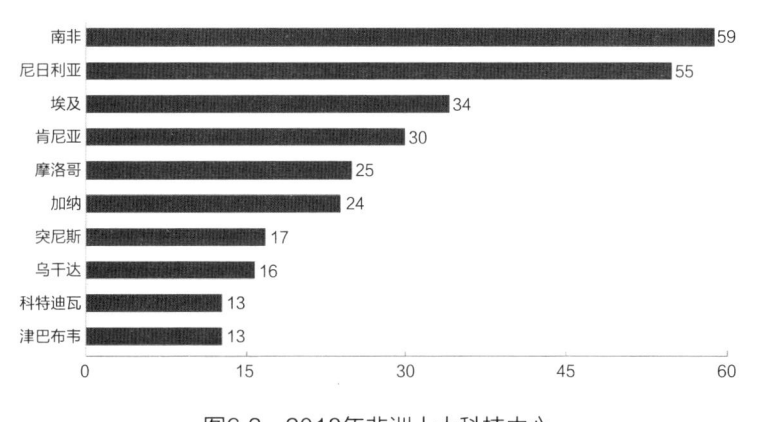

国家	数量
南非	59
尼日利亚	55
埃及	34
肯尼亚	30
摩洛哥	25
加纳	24
突尼斯	17
乌干达	16
科特迪瓦	13
津巴布韦	13

图6.2　2018年非洲十大科技中心

资料来源：《非洲商业阶层》；全球移动通信系统协会（Global System for Mobile communications Association）；世界银行。

2.南非提供了有利的政治环境

强有力的制度和稳定的政府是南非引以为傲的，这样的制度和政府使南非成为南部非洲政治最稳定的国家之一。作为一个政治门户，该国将重点放在促进非洲发展和非洲复兴的新伙伴关系上。尽管南非政府没有充分利用和维持家门口由政治推动的投资机会，但该国已经意识到在该地区经济快速增长的背景下作为通往非洲的商业门户的好处。例如，南非的金砖国家伙伴（巴西、俄罗斯、印度和中国）已经将该国视为在非洲获得经济利益的最佳途径。此外，南非作为20国集团中唯一一个非洲国家的地位最终得到了回报，因为20国集团成员国发现在南非投资要容易得多。

为什么南非有可能失去非洲的门户地位？

随着投资者和企业找到更具性价比、更高效的营利方式，邻近性、物流和成本等新出现的商业因素正在改变非洲地区决定门户地位的优先事项。在非洲经济改革的时代，在外国投资者的选择和国家的竞争力方面，南非的优势减弱。跨国企业的要求高于南非提供的条件。这正在逐步将南非转变为南部非洲这一次区域的中心，而不是整个非洲大陆的中心。让我们来看看为什么南非有可能慢慢失去非洲的门户这一地位。

1.临近的商业运营区

非洲的地理位置、邻近性和物流是外国投资决策中的重要考量。这导致了进入非洲市场的竞争性门户的出现,其他非洲国家也在这些市场发展彼此临近的制造业基础设施和商业中心。例如,尽管中国的政治评论员强调南非是中国进入非洲的切入点,但中国公司经常直接从北京总部与其非洲子公司打交道。尽管完全由中国国家开发银行出资的中非发展基金成立于约翰内斯堡,但该基金现在也在加纳、埃塞俄比亚和赞比亚设立了办事处。这对南非构成了巨大的挑战,南非需要找到新的方法重拾首选中心的地位。

2.其他地区更廉价的交通选择

2014年,据《交通价格指数》(*Transportation Price Index*)披露,南非拥有世界上最廉价的交通成本。该报告关注了全球五大洲51个国家的公共汽车、火车和航空出行成本。然而,这种情况正在改变。非洲交通基础设施和通信条件的改善增加了该地区可选择的投资目的地。例如,非洲大陆航空公司数量的增长意味着投资者不必经过南非或其他目的地就能到达他们青睐的市场。此外,由于越来越多的国家为方便经商正在开放边境,从一个国家乘飞机飞往另一个国家变得没有意义了。此外,整个非洲地区的运输成本很高,这意味着出口商和进口商倾向于直接将货物运往或运离当地市场,而不一定要途经南非。由于投资者仍将南非作为投资中心，因此该国还有机会改善自身交通选择，为游客和投资者提供具有竞争力的价格。

3.持续的劳工问题

除了日益激烈的竞争，南非的内部问题和挑战也减弱了其对投资者的吸引力。该国正在努力平衡投资者的利益和政治需求。从2010年起，工资上涨、技术和管理技能有限以及全方位技能人才数量下降使外国投资者望而却步。其他令人担忧的因素包括强大的工会和政府对经济的干预，以及缺乏政治透明度和针对腐败的指控。近年来，南非频繁发生罢工，这在投资者中造成了紧张和不确定性。例如，根据南非就业和劳工部的数据，南非在2014年共发生了88起罢工，给该国经济造成了4.35亿美元（61亿兰特）的损失。

尽管如此，在政府、工会和利益攸关方的努力下，劳工状况正在改善。例如，在过去10年中，南非就业和劳工部一年一度的《产业行动报告》（*Industrial Action Report*）显示，近75%的罢工在两周内得到解决，而42%的罢工在一周内得到解决。

在尼日利亚，罢工问题更加严重。前尼日利亚财政部部长恩戈齐·奥孔乔—伊维拉博士称，该国在2012年因石油补贴问题发生的为期6天的罢工中损失超过9亿美元。2017年10

月，拉各斯工商会总干事穆达·优素福（Muda Yusuf）警告称，尼日利亚石油和天然气工人高级职员协会和尼日利亚石油和天然气业工人协会发动的罢工将使尼日利亚损失4.18亿美元（1500亿奈拉①）。这表明，罢工导致的投资者疲劳不仅是南非面临的问题，而且是所有非洲国家要维持经济快速增长，都需要应对的问题。这可能意味着持续与私营部门、工会和公民社会团体合作开展劳工活动，同时不忽视工人对于改善工作条件的需求。

4.投资者对负面反应的担忧

南非的当地和外国投资者对一些政府官员和公众对投资的负面反应也感到担忧。这包括负面的公开声明和仇外心理。例如，沃尔玛通过并购非洲零售商麦氏玛在南非建立当地零售渠道的努力遭到了劳工组织和一些政府官员的反对。《华尔街日报》称，如果这笔交易失败，南非将失去一笔24亿美元的投资，该国也将失去成为沃尔玛进入非洲其他地区的门户的机会。

通过投资公共教育项目，使公民意识到建立区域和全球伙伴关系以确保整体经济增长的必要性，南非可以扭转这一

---

① 尼日利亚（Nigerian Naira），符号为₦，为尼日利亚法定货币。——译者注

局面。这可能需要主要领导人进行跨地区访问,看看其他国家是如何利用投资者来促进本国经济增长的,同时看看这些国家对南非产生了何种程度的竞争。省级和市级的公共论坛也可以帮助公众了解跨区域一体化和伙伴关系的价值,特别是这一价值与经济增长、创造就业机会和扶贫的关系。

5.高成本导致工业化程度的下降

南非正在逐渐失去其作为非洲工业中心的地位。研究表明,由于出口商面临着不断上升的商业和劳动力成本、高出口税或关税、高电费、汇率波动、技能短缺和赋权配额困难等挑战,南非的工业化程度正在下降。这些因素增加了单位商品的成本。这导致南非的商品难以与遍布非洲市场的廉价中国商品竞争。南非主要投资部门表现的下滑,尤其是采矿业的衰退,意味着该国正在失去从商品价格下跌中获益的机会。为了克服这一点,需要就国有化、许可证发放的长期拖延、采矿权的不确定性以及后勤挑战等问题进行公开讨论和谈判。这将保证公众和投资者的信心,也是理想伙伴关系的重要组成部分。

6.不断上涨的航运成本

近年来,南非的航运成本也在增加。南非斯泰伦博斯大学（Stellenbosch University）物流系发布的《2016年南非物流晴雨表》（*Logistics Barometer South Africa 2016*）显示，南非的货运系统因高成本以及安保和安全风险而不堪重负。物流成本占南非GDP的11%以上，相比之下，美国的物流成本在GDP中的占比为7.9%，澳大利亚为8.6%，丹麦为6.1%。这一负担制约了南非的经济增长和竞争力。上述调查指出，如果南非要继续保持经济增长，就需要改善该国的运输物流基础设施。此外，南非还必须降低物流服务的高昂成本，并培养货运物流业工人的能力。如果不进行这些改进，其他严重依赖货运物流业的部门将会受到影响。

就航运成本而言，南非港口管理局的一项2017/2018年定价研究表明，使用德班港的投资者将支付高昂的成本。尽管实施了关税调整，但货主仍然要支付超过228901美元的货物保险费，这比全球平均水平高出267%。包括集装箱码头装卸作业费在内的集装箱成本比全球平均水平高出166%，而在2016/2017财年这一数字还是88%。根据这项研究，与全球平均船只成本相比，高昂的费用降低了南非的竞争力。最终，这降低了南非在海上货物运输方面作为通往非洲大陆的门户的吸引力。此外，南非的Transnet货运铁路公司（Transnet Freight Rail）在铁路网成本方面也相对昂贵，这为蒙巴萨、洛比托（Lobito）、达累斯萨拉姆和马普托

(Maputo)等非洲地区的其他港口创造了竞争机会。对于一家在南非拥有20953千米漫长铁路网的公司来说,Transnet货运铁路公司要想具有竞争力,还有更多的工作要做。贝特布里奇边境口岸的拥堵问题进一步增加了其他港口强势参与竞争的机会,该口岸横跨南非和津巴布韦边境城镇之间的林波波河。这已经成为非洲贸易的一个重大瓶颈。不过,也有好消息,因为南非发达的基础设施意味着该国仍然可以为自身和整个非洲地区的企业建立一个具有竞争力的货运体系。

7.潜在的电力危机和电力成本

另一个可能加速南非失去非洲门户地位的问题是潜在的电力危机。如果管理得当,电力可以促进和加强经济活动。电力提高了农业等部门的生产率,并通过具有竞争力的电价降低了整体生产成本,从长远来看吸引了投资。然而,南非和其他许多非洲国家的前景并不乐观。根据非洲进步小组(Africa Progress Panel)2015年发布的报告,有人担心,非洲如果不找到创新的方法来解决日益严重的电力危机,就需要到2080年才能实现全域24小时供电。由联合国前秘书长科菲·安南领导的非洲进步小组补充称,非洲地区要克服电力问题,就必须在未来15年内每年投资约550亿美元。

在南非，该国的电力供应问题被努力解决后，电力成本却在过去几年里大幅上升。原因包括电缆失窃、腐败、煤电厂产能下降以及替代能源创新工作进行缓慢。据估计，2017年约翰内斯堡因电缆失窃造成的停电与2005年相比增加了10倍，从4%增加到40%。其中一起盗窃导致36千米长的铜缆被更换，花费了纳税人360万美元。

然而，根据南非国有能源供应商Eskom的数据，南非仍然是电费最低的三个非洲国家之一。南非仍然有能力领导非洲地区，特别是在重新成为非洲最大经济体之后。展望未来，南非可能不得不重新评估其对金砖国家成员国身份的高度重视，南非将这一身份视作维持该国在非洲地区地位的一项战略，但这种关系正在削弱南非的重要老大哥角色，而且对该国继续作为非洲大陆商业中心的贡献也有限。

寻求在非洲投资的外国公司可能会根据投资地点、邻近性、进出口设施、基础设施、激励因素和可负担性考虑在非洲设立多个中心。有吸引力的国家可能包括东非的肯尼亚、毛里求斯和卢旺达，西非的加纳、塞内加尔和尼日利亚，以及北非的埃及和摩洛哥。尽管非洲地区的市场份额争夺战仍在继续，但南非可能在几乎不会遇到竞争的情况下继续保持其作为南部非洲地区最大商业中心的统治地位。该地区未来几年的投资和经济增长对南非保持目前的地位至关重要。南非总统西里尔·拉马福萨向本国民众和投资者承诺，南非受损的国家形象将得到修复。目前，南非能否维持商业中心地位将取决于其现有的商业条件。

第七章

非洲的人力资本为商业做好准备了吗?

非洲的经济繁荣需要熟练、坚定、创新、热情和能够进行批判性思考的人力资本。非洲要想获得投资和经济牵引力，就必须提供一个稳定和安全的市场。这意味着逐步发展人的能力，特别是发展占非洲大陆人口大多数的非洲青年的能力。非洲地区还需要良好的经济和金融政策，以满足快速增长的经济体的需求。因此，非洲的人力资本必须做好准备，迎接投资者和企业带来的挑战。此外，各国的经济政策必须有利于投资者。

围绕人力资本的讨论应该承认这样一个事实，即培养非洲的劳动力或人力资本是一项正在进行的工作。以前从世界其他地区引进人才以维持非洲经济增长的趋势正在改变。今天，更多的非洲人正在奋起迎接挑战。发展非洲的人力资本需要投资者、企业和政府之间的长期合作，直到引进人才成为一项不必要的支出。从长远来看，培养本土人才能节约成本，节省时间，并确保连续性。现有和潜在投资者应该受到一个事实的鼓舞：即使全球经济状况不可预测，那些有韧性的公司和投资者依然可以获得许多市场机会。这需要公司和投资者致力于为他们的企业培养合适的人力资本，以获得持久的红利，无论要花多长时间。

文化将如何影响你在非洲的生意和投资？

　　文化是世界上不同地区的人所特有的信仰、规则、制度和做法。社会学家劳伦斯·布什（Lawrence Busch）认为，对于某些社会成员来说，社会化过程中与他人进行互动产生的影响是习得的行为模式的基础。这使得文化成为一种独特的社会特征。这一社会特征因利益观点、学科方法和分析单位的不同而不同。

　　非洲文化超越了艺术、舞蹈和音乐的范畴。它丰富多样，植根于语言和宗教，并受世界各地其他文化的影响。今天，非洲的文化包括原住民、欧洲后裔、亚洲后裔和非洲后裔的文化。非洲文化由文化中的文化、部落中的部落以及家庭和社区中的人组成，他们因作为非洲人和非洲侨民的一部分而自豪。

　　就商业而言，世界人口的文化构成在审查文化差异方面具有重要意义。关于文化对非洲商业和管理的影响的研究表明，人们一致认为，文化差异包括宗教、态度、价值观、习俗和社会规范等关键要素上的不同。这一点在非洲表现得非常明显。由于非洲人口的多样性，每个国家都存在许多不同的文化，其中许多变体都是多样化的族群导致的。音乐、艺术、口头传承和文学加强了社区的社交和宗教模式。文化同样影响着商业精神，因为非洲大陆的不同文化群体拥有不同的核心价值观。例如，想要驾驭"非洲时间"这种对时间的放松态度，人们应该了解其产生的根本原因。多年来，"非洲时间"定义了许多非洲人的作息时间。非洲对西方时钟的接受速度很慢的一个解释是，非洲人重视培养人际关系。一个非洲人可能会驻足询问邻居的家庭情况，哪怕她有其他事情要做。然而，这种情况正在改变。我们现在生活在一个由守时机制统治的最后期限驱动的世界里。一代人习得的东西可能是另一代人无法习得的。尽管"非洲时间"正在迅速转变为更受时钟监控的时间表，但企业和投资者最好把非洲人对邻居表现出的关怀和忠诚融合为一种商业增长的工具。

可能对你的生意产生影响的非洲文化因素

文化指的是特定群体所采取的行为和生活方式，在商业情境中通常被称为部落文化或企业文化。对商人而言，明智的做法是了解并接受非洲的文化差异。全球的企业和组织一致认为，商业文化和实践应符合消费者的文化、行为方式和满意度。非洲"地球村"现象的存在以及发达国家向非洲国家的相关投资转移，意味着大多数国家了解和欣赏非洲文化在商业中的地位。

然而，在非洲的商业运作中缺乏适当的文化融合将导致商业组织在促进国家和地区经济增长方面缺乏协同作用。目前，非洲大陆基于政治原则组建了非洲联盟，该联盟成立于2001年，旨在促进非洲一体化。大约85%的非洲人口信奉基督教或伊斯兰教，其余15%的人口信奉非洲的文化传统和非宗教要素。

如上所述，大多数非洲人缺乏那种极具竞争力的商业精神。可以说，非洲的商业文化一直都不尽如人意，特别是相较于日本、美国和亚洲大部分地区等被视作典型的地区。在这些商业文化中，无论是正规企业还是非正规企业，私营企业还是合作企业，小型的家族企业还是全国性的企业，都会认真对待盈亏。

由于非洲大陆的大多数人出生和成长于艰苦和贫穷的环境，企业总收入往往被天真地视为家庭收入的一部分，因此很难将个人收入与企业收入分开。这种现象给企业（尤其是初创企业）带来了各种各样的问题。进一步的担忧是非洲企业可能缺乏生产力、实力虚弱并存在腐败。更令人担忧的是，在非洲大陆的文化和历史现实下，现代商业文化能否促进较大企业的出现，使非洲在全球范围内处于有利地位。

今天，非洲人似乎正在培养以前被认为是西方社会专有的个人主义和物质主义特征和习惯。传统文化面临的一个问题是，没有充足消费者教育。商品在这种情况下直接被卸到当地市场会导致产品失利（product trailing）——想让消费者从一种产品转向满足同种需求的（竞争生产商的）类似产品，必须进行适当的产品教育。与此同时，如果消费者研究不是公司品牌战略的一部分，就会出现产品疲劳（product fatigue）——顾客对特定的产品或服务感到厌倦，因为它未能提供持续的创新来满足日益增长的需求。

全球化彻底改变了非洲文化，不仅影响了非洲地区人民的生活，还将非洲文化融入国际商业文化之中。人们注意到，市场经济在非洲声势浩大的传播和迅速发展，以及受西方文化的影响而改进的通信技术，给非洲带来了必须驾驭的新的和不同的方面。这对普通非洲人来说是一个挑战，他们要与投资者合作，将自己的文化融入商业理念之中，使其在非洲和全球市场上具有独特性和竞争力。

1.一种物有所值的双赢文化交易

自由贸易政策不断加强的全球化让人们对多元而丰富的非洲文化的未来及其与商业的关系产生了不同的担忧。事实上，全球化正在推动新经济秩序，亦称新国际经济秩序。新国际经济秩序不仅出现在主要的非洲国家，也扎根于世界其他地区。新国际经济秩序对非洲信息高速公路和贸易的影响更加明显。然而,全球商业文化对非洲的特殊兴趣尚未得到充分的开发。

当富裕和强大的国家寻求控制世界上的大部分资源时,非洲可以通过谈判推动以人为本的发展,这种发展构成了非洲内在文化的一部分。同样,文化机构和文化团体的工作有助于解决非洲商业文化中的挑战。例如,营养学家主张用传统饮食补充目前的转基因进口食品。毫无疑问,大多数传统的非洲食品是有营养、健康和容易获得的。如果规划得当,这可能会彻底变革非洲的农业综合企业和食品行业。此举将受到非洲市场的欢迎,而非洲食品的高消费率可能会改善和促进国际贸易。通过这些举措,政府、企业和投资者可以改变贸易和经济格局,并提高非洲人民的福利。

同样,非洲的文化和宗教有可能为解决该地区的暴力、犯罪和腐败问题提供合适的解决办法。非洲文化以根植于非洲传统、遗产、神话和语言中的道德意识而闻名。这些价值观必须得到弘扬,并被纳入非洲今后的商业准则。非洲大陆丰富的文化也可以由娱乐和电影投资者销往全世界,这些人也在为自己的行业寻找新鲜的内容。

2.为什么非洲的劳动年龄人口将是世界上最庞大的?

由于非洲不断扩张的经济和企业日益增长的需求而出现

的劳动力数量短缺问题将发生极大的改变。目前的预测显示，在死亡率较低的情况下，在可预见的未来，非洲地区的人口将稳步增长。图7.1显示，到2050年，非洲人口将达到25亿，而中国和印度的人口将分别达14亿和17亿。事实上，非洲占全球劳动年龄人口的比例将从2010年的10%增加到2100年的37%，到2100年，世界其他地区的劳动年龄人口将会减少。根据联合国的数据，这将使非洲地区的GDP增长近15%，每年约为5000亿美元。非洲地区超过20%的劳动年龄人口正在非洲大陆创办新的企业，这是显示企业家精神和商

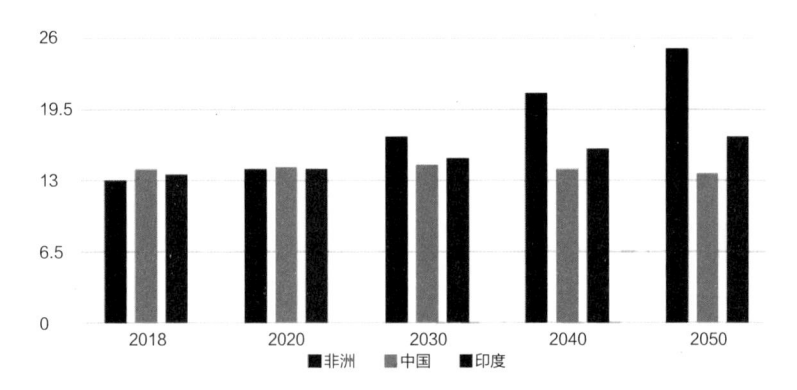

图7.1　2018—2050年非洲、中国和印度的人口比较（亿）[①]

资料来源：《非洲商业阶层》；联合国《世界人口展望：2017年修订版》（2018）。

---

① 预测使用了联合国生育率中间变量。

业头脑的一个可喜迹象。图7.2和图7.3显示了全球劳动人口的变化,特别是从2015年到2060年的变化,以及与世界其他地区相比非洲的劳动年龄人口份额。

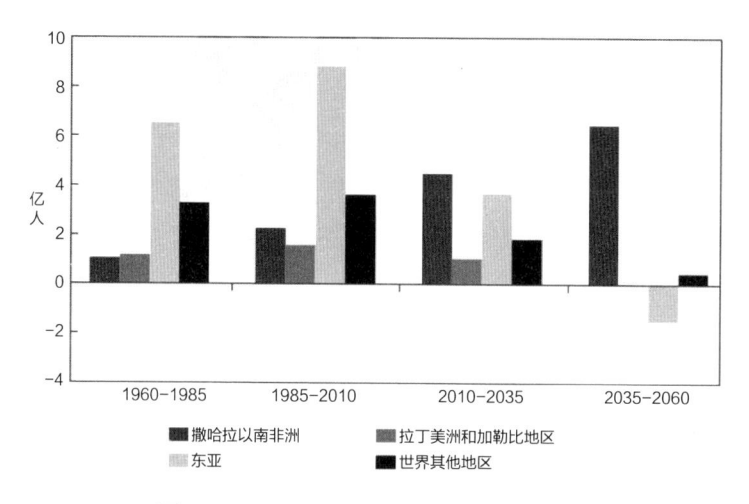

图7.2 1960—2060年全球劳动人口变化

资料来源:《非洲商业阶层》;联合国《世界人口展望:2015年修订版》(2016)。

尽管国际货币基金组织估计,到2050年,非洲人均GDP将增长约50%,但非洲的人口增长也伴随着对能力的考验。例如,人力资本指数显示,到2020年,南非各行业中39%的基本核心技能将面临压力。安永会计师事务所的《实现潜力:安永2014年撒哈拉以南非洲人才趋势和实践调查》(*Realising potential: EY 2014 Sub-Saharan Africa talent trends and practices survey*）报告显示，非洲大陆的许多公司缺乏规划和管理技能增长的能力。该调查还指出，非洲国家面临的最大挑战之一是实现自身增长雄心所需的能力、智力和专业技能日益增长。这有时是高技能或有能力的个人移居国外、劳动力熟练度低和缺乏足够专业技能的结果。

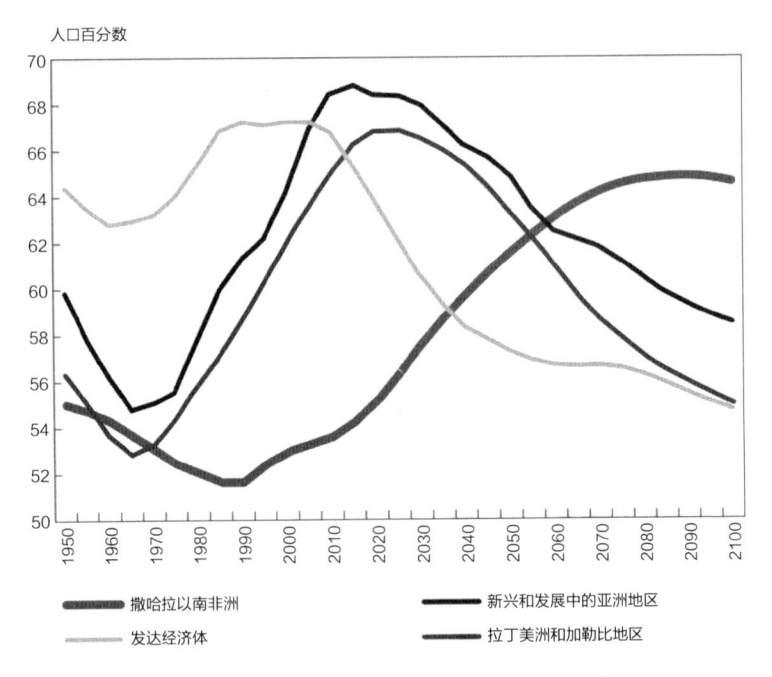

图7.3 非洲劳动年龄人口所占全球比例不断上升

资料来源：《非洲商业阶层》；联合国《世界人口展望：2012年修订版》（2013）。

联合国经济和社会事务部估计，2017年，全球约有2.58亿国际移民，其中35%，即9030万来自发展中国家。根据世界银行2014年关于移民对出口影响的一份报告，非洲的移民人数在1980年至2010年间翻了一番，达到3060万人，占发展中国家移民总数的17%。尽管在此期间，来自非洲国家的移民约有一半生活在非洲地区的其他国家，但其中一些国家仍然缺乏了解非洲文化、语言和特定贸易的熟练劳动力。由于移民和人才外流，移民原籍国丧失了技术和专业技能、贸易知识和创业能力等人力资产。

这使投资者和企业愈发担忧，当扩张和增长需要更多劳动力时，他们如何能够维持自己在非洲的业务。这种担忧集中在非洲劳动力的数量和技能上。尽管这种担忧不能被完全忽视，但事实是，情况正在好转。要正确认识非洲的劳动力潜力，就必须了解非洲未来20至30年的人口增长动态，特别是相较于世界其他地区的人口总量。如图8.3所示，非洲地区的人口估计将继续增加，而世界其他地区的人口将会减少。非洲人口中有一半是年轻人口，到2050年，非洲人口将超过印度和中国的人口。

非洲大陆有大约700家大公司，其中400家大公司的年收入均超过10亿美元。随着公司在这块富饶的大陆上不断发展，联合国估计，到2025年，将有超过3.3亿年轻人进入非洲劳动力市场。随着公司的发展对创造就业岗位和对国家经济增长的支持，利润将成为一种自然的红利。商业媒体Quartz的撰稿人阿比迪·拉蒂夫·达希尔（Abdi Latif Dahir）在2016年的一篇文章中证实，非洲地区的大公司每年赚取的利润总额超过1.4万亿美元，高于全球同行。这些事实强调考虑向非洲扩张的必要性，以及在大多数部门仍在发展和市场未饱和的情况下这样做的必要性。

为非洲的经济增长培养熟练劳动力

尽管大多数非洲国家表现出了在全球范围内开展商业活动的强烈意愿，但该地区持续给人一种无力应对商业不确定性的感觉。许多投资者和企业认为，尽管非洲拥有足够的人口和成本低廉的劳动力，但非洲人缺乏技能，批判性思维严重不足。企业研究表明，公司倒闭的原因包括缺乏营销技能和管理不力。

关于缺乏特定技能的说法已经得到了几项研究的支持，使得机构、公司和政府很难忽视这一点。一项此类研究显示，实现预期素质、培养职业和技术技能、职业管理和劳动力规划的能力在非洲雇主的能力要素中排名最低。该报告进一步显示，人力资源部门认为他们有足够的能力获得所需的熟练劳动力,但这种劳动力十分稀缺。然而,安永会计师事务所EMEIA(欧洲、中东、印度和非洲)人力资源咨询服务部门的人力发展专家强调,在非洲存在技能短缺问题的背景下,单纯依赖招聘获取所需技能是方向错误。

围绕技能搜寻问题,世界经济论坛2017年《关于非洲就业和技能的未来执行简报》(Executive briefing on the future of jobs and skills in Africa)报告称,尽管非洲有潜力最大限度地利用自身的人力资本,但整个非洲大陆目前只利用了这一潜力的55%,低于65%的全球平均水平。人力资本利用率高于55%的非洲国家包括毛里求斯(67%)、加纳(64%)、南非(63%)、赞比亚、喀麦隆(62%)和博茨瓦纳(61%)。世界银行的一项企业调查表明,非洲的大多数雇主认为缺乏熟练劳动力是商业增长的障碍。在毛里求斯,46%的公司表示缺少熟练工人,其次是马里(45%)、坦桑尼亚(41%)、肯尼亚(30%)、加纳(15%)和南非(9%)。工程和技术公司也在努力解决技能短缺问题。

缺乏批判性、分析性和创新性思维是非洲难以在全球就业市场开展充分竞争的原因之一。同样,戈登商业科学研究所动态市场中心的访问研究员阿德里安·基廷博(Adrian Kitimbo)表示,缺乏数学和科学技能、技术基础设施薄弱、人们获取信息和共享数据的方式落后以及缺乏获得优质教育的机会，都是非洲没有充分参与第四次工业革命的原因，这是一场正在用技术解决问题的革命。想象一下，在未来，一个机器人在商场入口处采集顾客的购买模式并传输实时数据用于市场研究和决策。

就人类发展而言，非洲地区经济的快速增长意味着卫生、教育和生活水平的稳步发展。发展进步率因国家而异，也因区域而异；发展成果包括减贫、性别平等以及针对青年、妇女和女孩的创业和技能发展方案。这些努力用以确保非洲目前的城市化趋势可为所有人带来可持续收益。有了这些改进，实现联合国2030年可持续发展目标似乎并非遥不可及。

图7.4显示，2010年至2017年，与世界其他区域相比，非洲的人力发展取得了实质性进展。

从非洲的市场动态来看，不断扩大的技能和智力差距以及新市场中不断上升的劳动力成本，正迫使企业在其他新兴劳动力市场寻找更多人才和技能。许多跨国公司吸引了来自印度和中国等亚洲国家的毕业生和熟练工人。这一趋势进一步表明，来自这些国家的员工开始欣赏非洲当地的雇主，而不是西方雇主。这一发展促使在非企业在其他国家寻找类似人才。随着这一趋势的发展，非洲领导人必须实施政策，使年轻人能够利用该地区经济增长带来的机会。

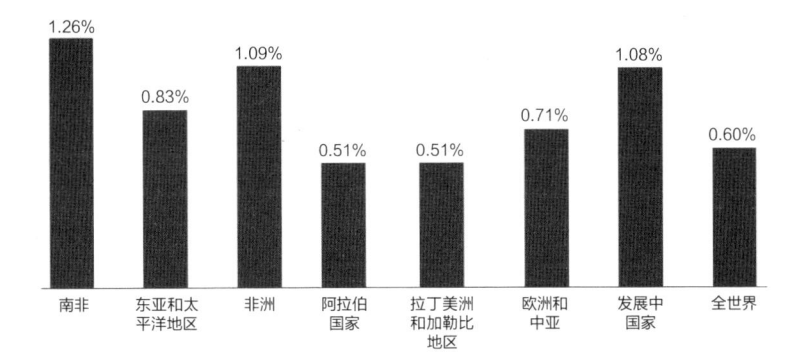

```
1.26%    0.83%   1.09%   0.51%   0.51%   0.71%   1.08%   0.60%
 南非   东亚和太  非洲   阿拉伯  拉丁美洲  欧洲和  发展中   全世界
        平洋地区         国家   和加勒比  中亚    国家
                                地区
```

图7.4 人力发展：2010—2017年非洲和世界其他地区的年均增长率

资料来源：《非洲商业阶层》；联合国开发计划署《人类发展指数和指标》（Human Development Indices and Indicators）（2018）。

推动和维持非洲经济增长的四个教育部门

推动和维持非洲快速经济增长的四个教育部门是中等教育、高等教育以及技术培训和职业培训等部门。商业咨询也很重要，它为创业者和企业主提供了实用的商业技能。领英（LinkedIn）于2016年发布的《人才趋势报告》（Talent Trends Report）显示，创业是非洲第二大趋势职业，超过了医生、物理学家、金融操作员和项目分析师。这进一步突显了商业咨询对创业者的重要性。显然，非洲拥有非凡的增长和投资能力。这种增长表现为技术进步和中产阶级家庭的增加。然而，非洲如果无法教育年轻人口进行批判性思考、挑战现状并进行创新，就不能充分实现自身的潜力。此外，许多企业主，特别是非正规贸易的企业主，几乎没有企业经营方面的技能。直到最近，非洲的教育体系还只是专注于让学生完成学校课程。学校只要求死记硬背，几乎不关心批判性思维、解决问题的能力或在校外全面应用知识的能力。

在过去几年中，学生在校的受教育方式已经有所改进。更多的实践和应用以及更少理论正逐渐成为非洲地区教育的新常态。然而，非洲教育体系培养的技能与当今就业市场所需的技能之间仍有很大差距。由于该地区的一半人口年龄在15岁以下，这一问题变得更加重要。现在是非洲着眼关注这一问题的时候了。非洲的青年是非洲大陆未来的领导人，也是接过接力棒的人。因此，对他们的教育和发展进行投资将加强非洲的经济增长。

就各国经济多样化的必要性以及产业和技术的发展而言，数学和科学教育的重要性再怎么强调也不为过。非洲要维持自身经济的快速增长并保持竞争力，就不能忽视这一关键领域。非洲地区必须增加对物理学、数学和工程学的投资。这包括为研究和实验室分配资金。

南非科学院国际和国家联络经理斯坦利·马福萨（Stanley Maphosa）表示："数学和科学思想在非洲人的社会文化、人力和智力发展中的中心地位无论如何强调都不为过，数学和科学已经成为非洲经济增长的核心，未来也将如此，因为它决定着对非洲的复兴目标至关重要的知识生产和人类及社会发展的未来。"

受过教育和技能熟练的劳动力将能够批判性地思考如何重新定位非洲丰富的资源和文化，并利用它们在全球市场上的未来价值。非洲国家需要大力投资中等和高等教育，并投资提供技术和职业培训的机构。商业咨询在给创业者和小企业主赋能方面同样发挥着重要作用。当你创业时，适当的准备是至关重要的，但许多创业者创业时并不知道会发生什么。所有创业者都在创业过程中学习，但拥有针对未来挑战的指导和建议是非常有价值的。这种指导可以帮助20%~30%的初创企业度过关键的头18个月。开设商业咨询专业并培养成熟的商业顾问对非洲的增长至关重要，可以说和初等教育一样重要。

1.中等教育

近年来，注册进入小学的非洲儿童人数大幅增加。然而，涵盖非洲全境的研究表明，在完成小学学业的儿童中，升入中学的比例不到50%。此外，70%的农村青年没有接受正规教育，尽管非洲在促进中等教育方面走在世界前列。例如，世界银行一项题为《撒哈拉以南非洲的教育》（Education in Sub-Saharan Africa）的研究显示，2012年，在全球进入中学的5.52亿名学生中，有4900万名来自非洲。这一数字表明，非洲的中学入学率相当不错。根据世界经济论坛发布的2016年度人力资本指数，加纳的中等教育在非洲处于领先地位，近80%的年轻一代接受过中等教育。根据经济合作与发展组织的数据，预计到2030年，由于小学入学率的提高，非洲大陆约有1.37亿年龄在20岁至24岁的年轻人将完成中学学业。但是，如果该地区的发展和经济增长被分散到非洲农村，那么农村青年的中等教育就应该成为该议程的一部分。

影响和未来发展

在中学阶段，除了掌握重要的生活技能外，学生也在为接受高等教育做准备。这一过程确保中学生掌握有助于个人发展以及本国和整个非洲大陆经济发展的技能。为了保证充分入学，非洲国家需要扩大中等教育的设施和能力。此外，资助中学教育将提高该地区的教育质量。

非洲国家目前用于改善中等教育的战略包括向贫穷的聪明学生提供奖学金、投资课程改革，以及确保学生参加期末考试。各国政府还鼓励公私教育机构合作，以确保建造更多的学校、配备必要的设施并增加对优质教育的资助，确保公平入学机会。非洲国家还在吸引投资者建设技术先进的学校，鼓励企业践行社会责任，赋予社区经济和社会能力。这正在帮助许多人接受优质教育，为高等教育创造了机会，并提高了收入水平，以支持非洲家庭。为了取得更大的影响，非洲的政策制定者和领导人必须找到实现免费中等教育的可行方法。在国家预算允许的情况下，如果非洲要增加高中毕业生的数量，特别是低收入高中毕业生的数量，免费中学教育将是必由之路。

2.职业和技术院校

如果说有一个教育部门将彻底改变非洲的经济增长，那就是职业和技术培训。可惜，非洲国家尚未充分利用该部门。20世纪80年代的预算短缺导致政府在职业和技术院校方面的投资减少。资金不足进一步使大多数非洲国家的此类院校处于不利地位，以至于许多院校破产倒闭，再也没能恢复。一份题为《南非教育体系面临的挑战和问题》的研究报告显示，非洲大陆各国的职业和技术教育仍然存在问题。该研究表明，用于职业和技术院校的教育的预算在政府支出中的平均百分比为4%。如果非洲要发展本地区最大的一部分劳动力，即处于高中和高等教育之间的劳动力，这种局面就需要改变。

不足为奇的是，非洲美洲研究所（The Africa-America Institute）发布的一份报告显示，在非洲国家，技术和职业培训机构的教育没有得到充分的优先考虑。该研究所发布的《2015年非洲教育状况报告》显示，在完成中学教育的全部学生中，只有6%的学生参加了职业和技术培训项目。这比1999年下降了1%。

一些非洲国家的情况有所改善。南非《商业日报》（*Business Day*）2018年一篇题为《教育如何满足职场需求》的文章指出，2014年，南非51%的学生就读于高等教育机构，36%的学生就读于技术和职业教育与培训学院。

将中等教育及以上的所有教育层次考虑在内，中学层次的候选人最有潜力。在中学毕业的学生中，由于贫困、重要科目成绩不佳以及大学和学院招生名额有限等因素，很少有学生接受高等教育。职业和技术培训有潜力培养出一支拥有技能和创业精神的劳动力队伍，以推动非洲经济的发展。然而，学生首先需要具备坚实的基础教育根基，因为缺乏基础教育可能会阻碍他们的长期职业成长。在继续参加职业和技术培训项目之前，首先掌握阅读、写作、算术和问题解决等基础技能是至关重要的。由于这一等级的教育提供了各种培训机会和技能组合,它可以满足不同社会经济和学术背景的年轻人的需求和渴望。

影响和未来发展

由于职业和技术院校受到的重视程度较低,据报道,各家公司纷纷对非洲经济缺乏熟练劳动力的问题表示担忧。这对该地区大多数发展中国家来说是一个重大阻碍。从长远来看,职场技能的缺乏以及由此产生的挣钱本领的缺乏将导致一个未来不确定的社会。为了从战略上解决这个问题,非洲各国政府以及公共和私营部门的利益攸关方需要制订培训计划,使青年群体掌握个体经营和自给自足所需的技能。这是维持非洲增长并取得积极成果的唯一途径。

好消息是这个问题有解决的办法。非洲各国政府必须充分利用不断改善的商业和投资环境,重振职业和技术院校。通过这些机构的努力,各国将能够给推动地方经济发展的非正规贸易赋能。世界银行的报告称,近80%的非洲人口从非正规贸易赚取收入。此外,鉴于未来10年非洲估计将有约4000万年轻人辍学,职业和技术培训的重要性不能再被忽视。

职业和技术培训将为投资者和企业弥合劳动力市场的缺口。此外,它还将为年轻人提供就业和获得可持续收入的机会。它还将使无法找到正式工作的青年有机会在非正规贸易领域创办自己的企业。在这个层面上,选择正确的职业道路至关重要。必须允许学生选择他们感兴趣的职业，因为这将促进职业可持续性。

3.非洲的高等教育

根据世界银行发布的2017年《在撒哈拉以南非洲的少数国家之外分享高等教育的希望》（*Sharing Higher Education Promise Beyond the Few in Sub-Saharan Africa*）报告，撒哈拉以南非洲的高等教育入学率经历了自1970年以来的最快增长，年增长率为4.3%，而全球平均水平为2.8%。自21世纪伊始，非洲接受高等教育的人数持续呈现上升趋势。2000年的入学人数为230万，2010年增至520万。根据联合国教科文组织的数据，2008年，在外国高等教育机构就读的撒哈拉以南非洲学生人数为22.3万，占全球注册留学生人数的7.5%。例如，2018年发布的最新数据显示，在中国学习的非洲学生数量正以每年24%的速度增长，相比之下，全球平均水平为10%。

其他关于非洲高等教育的令人鼓舞的统计数字包括上升的私立高等教育机构的数量。这是必要的，因为公立大学和院校无法吸收所有中等毕业生。此外，许多私立院校的教育质量很高并可以使学生为进入劳动力市场做好准备。如图7.5所示，世界银行2017年的报告显示，1990至2014年，非洲私立大学的数量从30所增加到了1000多所，而公立大学的数量从100所增加到了500所。

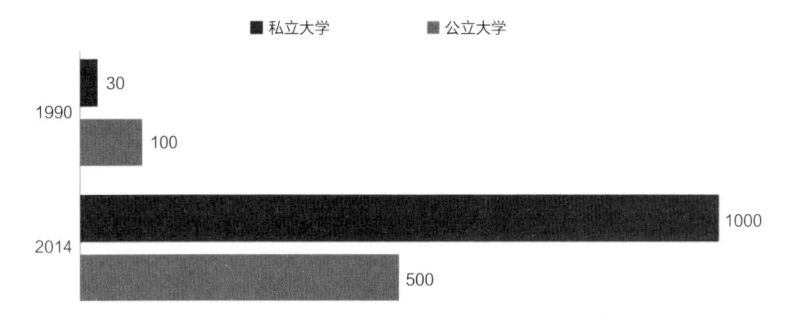

■ 私立大学　　■ 公立大学

1990
- 30
- 100

2014
- 1000
- 500

图7.5　1990—2014年非洲公立大学和私立大学的增长情况

资料来源：《非洲商业阶层》；世界银行。

拥有12亿人口的非洲大约有1687所大学，而拥有3.25亿人口的美国有5300所大学。非洲的人口规模和高等教育资源之比表明，它还有很长的路要走。

对商业的影响

借助高等教育，非洲的青年人口具备了开拓新天地的能力，投资者和企业所需的技能得到了保证，经济增长的同时社会系统得以建立。非洲美洲研究所的《2015年非洲教育状况报告》（*State of Education in Africa Report 2015*），还显示，与世界其他地区相比，非洲的高等教育投资回报率最高，达21%。这一点，加上非洲高等教育水平年均增长

4.3%，将使GDP相应提高12%，这清楚地表明，高等教育是非洲各国政府的关键投资领域之一。发展高等教育将推动和维持该地区的快速增长。

非洲国家要感受到高等教育投资的回报，就必须加大努力，消除阻碍教育体系进步的各种障碍，包括讲堂过于拥挤。大多数非洲大学的师生比令人担忧。非洲美洲研究所报告中的统计数据显示，在非洲，每名教授对应的学生人数比全球平均水平多出50%。非洲各国政府和所有利益攸关方都有义务投入时间、精力和资源来升级该区域的高等教育。

从战略角度来看，高等教育体系的改进将为更美好的未来提供机遇，不仅是为年轻人和子孙后代，也是为投资者、企业和整个非洲大陆。它还将有助于实现非洲教育体系转型的愿景：到2063年至少有70%的高中毕业生接受高等教育。这是非洲联盟54个成员国在2013年制定的名为《2063年议程》的经济转型计划的一部分。非洲国家可以发展公私伙伴关系基金，以支付必要的费用，使该地区的普通民众有能力负担教育费用。此外，各国政府必须增加预算拨款，用于建设和升级高等教育机构的基础设施。课程修订也应加强非洲学生的技能，使他们能够参与全球竞争。这些步骤将表明该地区对教育的重视。它还将表明，该地区及其人民相信教育是非洲可持续增长和发展的途径。

4.商业咨询在非洲的关键作用

商业咨询现在比以往任何时候都重要，特别是随着非洲逐渐采取行动建立强大的商业环境并在民众中传播企业家思想。这一做法包括训练和指导企业家并为企业提供咨询，以建立成功和可持续的企业。商业顾问使用个人成长目标、行动学习、商业战略和创新等方法，为小企业主的创业之旅提供实用的指导。在某些情况下，商业咨询服务延伸到了更大的公司和企业。商业咨询的总体目标是通过培养企业家和领导者提升企业发展所需的商业技能和领导技能，使企业利润更高，更具生存能力。

如前几章所述，非正规贸易是非洲经济中的主导部门。然而，大多数非洲企业家和中小微企业，特别是非正规贸易的企业家和中小微企业，并未掌握经商的基本准则。在南非进行的一项超过15年的研究表明，70%~80%的小型企业会在5年内倒闭。这项由西开普省大学开展的研究主要关注处境不利的社区，这里许多企业家在经商时处于消极或被动的地位，而不是主动的地位。在这种情况下，商业咨询所做的是为经商之旅提供一幅主动、可行和可持续的商业路线图。

除商业咨询外，为小企业主建立服务齐全的办公室或共享办公厅等举措也是确保商业增长的策略。这项服务针对的是那些无力承担长期合同费用或从头开始设立办公室的企业家。设施齐全的共享办公室通常配有办公家具、互联网和电话系统。大多数此类办公室还配有其他支持服务，如共享打印机、厨房或自助餐厅，以及接待客户和接听电话的接待员。如今，不需要大型写字楼的跨国公司也在逐渐采用这一概念以缩减规模和降低成本。南非的"办公室"（The Workspace）就是自助服务和共享办公厅的提供商之一，它正在通过创建灵活舒适的单人办公室和共享办公空间来改变南非的商业模式。这类服务也开始在非洲其他地区出现（尽管规模要小得多），并已成为一个供投资者利用的日益增长的产业。

对商业的影响

商业咨询是一种职业和工具，它将彻底改变非洲的中小微企业，并为非洲的年轻人创造急需的就业岗位。商业咨询还意味着即将毕业的商科学生将得到必要的指导，以理解经商的实际情况。如果政府认为商业咨询是必要的，并对其进行投资，随着时间的推移，该部门将用从成功企业征收的税款支付自身运营的费用。想象这样一种情景：超过70%的小型初创企业在成立5年后仍在运营。这将把非洲转变为一个造就大胆企业家的大陆，这些企业家承担经过计算的风险并掌握渡过这些风险的商业诀窍。与此同时，设施齐全和共享办公能力的办公空间使企业家和商人能够发展他们的企业，并为客户提供专业服务。这就是非洲为了维持自身快速的经济增长应致力的目标。

当非洲各国政府和投资者投资这些部门时，该地区的企业和经济将实现更快的可持续增长。商业咨询以及设施齐全和共享办公能力的办公室应被列入投资讨论的议程。这种投资将扩大经济规模，带来收入，并创造就业岗位。

我们可以认为，与其他发展中经济体相比，非洲的教育状况较好。非洲国家经济的可持续增长是该地区改进教育体系的副产品。根据国际货币基金组织的《世界经济展望更新》（*World Economic Outlook Update*）报告，与其他新兴市场相比，非洲的前景更好，仅次于亚洲。该地区对教育的投资正在增长，并已变得非常有利可图。为了获得良好的投资回报，投资者应该着眼于探索非洲的教育体系，特别是在私立学校和培训学校领域。各国政府和投资者必须分配足够的资源，用于改善非洲的教育体系，确保优质教育，给非洲年轻人一个未来，并从中获利。

通过强大的领导力发展技能

想要解决技能问题并成为全球劳动力的最后边疆，非洲各国政府就需要在建设基础设施以及制定教育和技能培训的政策方面展现出强大的领导力。值得注意的是，由于各国政府是国家的监护人，商界领袖需要依赖政府采取措施缩小该地区的技能差距。非洲的企业和投资者日益支持政府培养和发展技能，以消除该地区的技能差距。企业和投资者将此视为一项战略举措，其目的是向各国政府展示他们对非洲大陆增长的长期承诺。

这些努力有时会受到过度监管的阻碍。例如，普华永道2015年《年度全球首席执行官调查》（*Annual Global CEO Survey*）显示，在接受调查的1322名首席执行官中，超过78%的受访者对法规表示担忧，他们担心法规将成为公司吸引技能人才的绊脚石。2018年，这一数字降至48%，表明情况有所改善。另一个令人鼓舞的迹象是50%的受访首席执行官表示他们计划招聘更多员工。

为了培养非洲的商业领导能力，各家公司需要投资经验丰富的经理或身怀非凡技能和才能的经理，以促进业务增长。非洲地区绝大多数企业高管都认为，改变招聘战略是解决技能短缺和促进技能发展的最佳方式。这包括一项强有力的招聘和技能发展计划，其中明确的职业发展战略是整体商业战略的重要组成部分。在非洲大陆为第四次工业革命做准备时，这一重点将确保可持续的领导力以及才能得到有效利用。

不可否认，非洲需要加强领导效能，使其能够最大限度地利用新出现的商机。各国必须为有技能和才华的领导人提供良好的支持结构，以帮助他们充分发挥领导潜力。缺乏这种支持将导致非洲企业表现不佳。解决之道包括努力加强领导技能以改善商业前景并实现可持续增长。大多数非洲公司，特别是那些寻求国际机遇的公司，都面临着需要强有力的领导才能克服的复杂挑战。凭借强有力的领导技能，非洲将能够实施正确的法律和经济政策，以取得自身在实现2030年可持续发展目标方面的进展。

非洲的技能组合状况正在得到改善。在过去的几年里，该地区的熟练劳动力激增。问题的本质不在于非洲是否拥有熟练劳动力，而在于职业咨询不足、缺乏受教育机会、学校设施不足或教育体系崩溃等原因造成的技能组合有限。要克服技能障碍，该地区必须做到以下几点：

- 加强非洲的教育机构和教育体系；
- 提供有利于保持年轻人对技术和创新的兴趣的环境；
- 恢复对数学和科学的热情，以确保该地区在科学和技术方面的增长和持续。

企业应该使用有新意的方法以发现具备合适技能的人。获取技能的途径包括：大学和学院、实习、青年大使计划、奖学金、工作或见习、招聘会和招聘节目以及职业和技术培训。

不断增强的商业信心带来更多就业机会外。非洲企业之间的竞争也日益激烈，目的是寻找合适的人选填补越来越多的职位。随着对熟练员工的需求增加，对各种软技能和技术技能的需求也在增加。这意味着，随着竞争的加剧，拥有包括多语言能力在内的一系列技能的人将获得优势。

无论在非洲劳动力上投入多少时间、精力和资源，投资者或企业最终都将受益。这些好处体现在充满热情的高技能劳动力、高生产率以及随之而来的利润上。与本土公司相比，跨国公司往往从人力资本投资中受益更多。这有三个原因。首先，跨国公司的全球品牌地位吸引了非洲最优秀的人才。其次，它们为高技能人员提供高薪和高福利的能力意味着它们在非洲更受青睐。这使它们在人力资本获取方面领先于本土品牌。此外，由于熟练员工的高绩效，跨国公司能从自己投资的每一名员工身上获得更高的回报，这将转化为更多的收入。第三，当跨国公司支持政府旨在提高员工技能的政策时，在大多数情况下，被赋予技能的个人将为赞助他们的公司工作。

在人力资本投资回报方面，本土公司和跨国公司之间存在显著差异。除了在人力资本上的支出略低于本土公司之外，跨国公司还将资源用于培养特定类型的劳动力，以满足特定需求。相比之下，白手起家的本土公司在劳动力市场上培养技能时花费要多得多。这导致了巨大的人力资本投资回报差异。

人力资本回报，加上非洲年轻而庞大的人口、较为廉价的劳动力和持续的技能增长都表明，非洲的人力资本已经准备好迎接该地区经济快速增长带来的挑战。然而，要应对这一挑战，就必须让青年参与到发展工作的核心中来，包括邀请他们为涉及其未来的决策做出贡献。这对非洲来说是一个展示领导力的机会，以利用自身年轻的人力资本加速工业化进程，并推动整个非洲大陆的经济增长。

第八章

在非洲经商之前需要考虑的关键问题

当你试图在非洲实施全球经商标准时，将面临各种各样的挑战。为了消除经商的障碍，非洲各国政府正在改变推动持续增长的要素，同时改善企业的经营环境，并提高经商便利度。有时候，正是用来克服障碍的工具本身加剧了不利局面。不了解基本的商业准则、资金不足、无法获得创业设施、政治不稳定、基础设施有限、气候变化以及缺乏创新和商业激励都是需要克服的障碍。

与上述障碍直接相关的是一些关键问题，如开业要求、获得许可证、税收、跨境贸易、合同执行、招揽员工、获得信贷和登记财产，以及用于终止企业的法律和程序。

大多数非洲国家仍然存在与战争和冲突有关的风险，尽管规模比前些年小很多。这些问题影响了发展。失业和高度贫困仍然需要解决。尽管非洲大陆拥有丰富的自然资源，但这些问题依然存在。

在非洲国家经商时面临的许多障碍是相互关联的，并在商业流程的各个层面相互作用。例如，领导不力和治理不力会导致冲突。如何从冲突中恢复成了一个影响创业和投资的挑战。此外，失业和贫困导致购买力低下，特别是在领导不力和治理不力持续存在的地区。这反过来又会影响市场对产品和服务的需求。

根据经验、研究和实地考察，下文汇总了在非洲经商之前需要考虑的20大问题。

需要考虑的二十个问题

1.创业成本

在非洲，创办一家企业的成本并不高。有时候，经营一家企业的成本才高。这就是现金流问题，它可能会扼杀初创企业，并让它们在成立后的头18个月内倒闭。创业手续和最低资本成本约为2350美元。一些非洲国家的创业者透露，创业成本从800美元到2600美元不等。这些成本的不同取决于企业的性质。不管怎样，这些成本远低于世界其他地区，特别是东亚和中亚，这些地区的预计启动成本约为3700美元。另一方面，如果将大多数非洲国家的通胀、税收、成本与风险以及人均收入考虑在内，那么创办一家公司就会变成代价高昂的冒险。创业总成本将上涨135%，远远高于其他地区。

潜在投资者应该做好相关国家的功课，以便在确定业务基地或中心时能有一个理想的选择。没有一个国家能够满足所有要求，但进行这项研究将使你得以为自己的投资选择一个合适的目的地。正如一句明智的古训所言："不要把所有鸡蛋放在一个篮子里"，或者把所有资本投入一家企业。

2.市场研究

可靠的市场研究有助于投资者掌握创业所需的知识，但大多数非洲国家的经济环境不断变化，使得大多数市场研究对潜在投资者来说是不可靠的。

一些远在异地的市场研究公司很少涉足当地，它们为渴望进军非洲的脆弱投资者和企业提供来自互联网和道听途说的信息。为了赚钱，这些公司炮制了具有吸引力的数据，但这些数据既不是最新的也不是经过核实的。这使潜在投资者面临市场渗透失败的风险，更不用说失去所有投资资金的风险了。

警告：避免通过自我吹捧的或非关联的投资代理或中间商开展经商活动。向可靠的律师、值得信赖的咨询公司和政府部门核实所有文件。在前往目的地国核实投资潜力之前，或在一家付费咨询公司核实所有文件并签署合同之前，切勿付款。使用一家关联的或经认可的当地商业和投资顾问的服务最初看起来可能很昂贵，但从长远来看，此举将为你节省大量资金和麻烦。

3.最大限度地利用多元化的商业语言和文化

非洲的文化和语言多样性与当地的自然资源一样丰富。根据世界语言期刊《民族语》①（*Ethnologue*）的数据，非洲大陆有2000多种不同的语言。仅在尼日利亚就有300多个部落和527种已知语言，其中520种是活跃的语言。人们应如何驾驭非洲复杂的文化构成？提供能吸引几乎所有群体和文化的产品或服务是接近非洲市场的一种方式。另一种方式是选择性产品或服务定位，也称为选择性定位，即以一个特定系列的产品或服务来定位一个庞大的群体。

作为世界上人口第二多的地区，非洲的多样化文化结构对开展商业活动既是挑战也是机遇。要想渗透市场、产生影响和建立品牌，需要当地知识和战略。因此，确定一个值得信赖的当地合作伙伴至关重要。根据业务或投资的类型，你可以选择一位短期顾问合作伙伴，也可以选择一位长期合作伙伴给予股份，实现利益绑定。俗话说得好："当我们拥有它时，我们会照顾好它。"

选择贸易语言的最佳方法之一是选择主流的贸易或商

---

① 全称《民族语：全世界的语言》，是一份以印刷和在线形式发布的年度参考出版物，提供有关世界活语言的统计数据和其他信息。——译者注

业语言,至少在学会一门额外的当地语言之前如此。贸易语言是大多数没有共同语言或方言的群体在日常商业交易中共同使用的语言。阿姆哈拉语(Amharic)和奥罗莫语(Oromo)是埃塞俄比亚等国家的主要语言,在这些国家,英语正逐渐被接纳为一种额外的贸易语言。马达加斯加也存在类似的情况,除马达加斯加语和法语外,人们还使用英语。

4.制定一个反映非洲市场动态的商业计划

制定一个内行的与文化相关的理想商业计划需要创造力和适应能力。大多数投资者没有能力制定一个具有文化敏感性的可执行商业计划。这要么是因为他们不够了解背景,要么是因为他们太紧张而无法处理这方面的问题。在某些情况下,他们想知道,他们的计划是否有可能在非洲充满活力的经济环境下实施。这时就需要一家市场研究或商业增长公司。

对一个现有品牌来说,一个久经考验的方法是测试一种具有潜在市场的产品或服务。当然,这是在研究确定最初的选择性定位之后进行的。这为文化适应提供了良好的反馈。对于初创品牌,上述做法可以为该品牌选择一个市场进行初步研究。由于产品或服务可能仍处于试点阶段,重点可能不是为产品找到合适的市场,而是找到服务将为终端用户提供的价值。无论你采取何种途径,都要记住,从长远来看，一个考虑到非洲市场和文化动态的审慎的商业计划永远是赢家。

5.获得资本和信贷便利

在大多数发展中非洲国家，小企业和农民获得资本的途径需要不断被改革。众所周知，银行的放贷利率很高。与东亚和南亚国家相比，非洲的创业贷款利率要高得多，根据世界银行的测算，非洲2018年的贷款利率在7%~9%之间。在东欧国家，这一利率约为4%。在中亚，获得资本和信贷要比在非洲容易得多。印度、越南、中国和泰国的借贷成本甚至更低，比非洲大陆低40%~70%。

过高的利息导致经济发展缓慢，因为农业部门的小农场和公司以及其他初创企业缺乏蓬勃发展所需的资金实力。金融机构未能向这些关键经济部门放贷，因为这些部门属于高风险类别。借款人没有抵押品，也没有营业额记录。对于这样的初创企业，一个理想的选择可能是针对小企业和孵化器的拨款。这种拨款的提供者可能是资源丰富的公司、政府或机构，它们希望投资或支持小企业，以换取社会或商业回报。除经济援助外，它们还可能提供实际的办公场所和指导。

另一个同样理想的融资来源是联合投资。这种集资方式允许个人为一个项目提供资金。然而，如果你的公司有一款实质性的有效产品或服务已经在产生收入，那么风险资本是你的最佳选择。在开始寻找潜在投资者之前，应该好好进行一次资金调研。这类资金来源的例子包括政府的助贫基金或对快速增长部门的投资者激励。

如今，许多非洲国家正在向农产品加工和农业综合企业的投资者和公司提供激励。其中一个机制是多方信托基金。该基金是通过非洲联盟、非洲发展新伙伴关系、区域经济共同体以及非洲各国政府和捐助者组成的一个多层次伙伴关系建立的，并通过《非洲农业综合发展计划》（Comprehensive Africa Agriculture Development Programme）进行管理。

6.选择正确位置的重要性

在大多数发展中非洲国家，为办事处或零售场所找到合适的地点需要耐心和生活智慧。土地和办公场所的成本高昂，而且可能没有市政和公共事业服务，特别是当经营场所位于郊区时。一些公司被迫用自己的方式来获取社会福利设施。气候、污染和其他环境危害也可能影响一家企业的位置。一些法规还将企业限制在特定的区域，以避免噪声污染等问题。

正如为一款产品选择顾客或终端用户很重要一样，选一个地点建立品牌、生产或分销基地以及总部同样重要。无论采取何种方式，成本以及与劳动力、原材料和顾客的临近程度都应是商业选址的决定性因素。

7.财产登记

在大多数非洲国家，土地已经成为一个极具争议的问题，特别是随着土地变得稀缺，尤其是在城镇地区附近。这在很大程度上是由于非洲人口大量从农村地区迁往城市。根据世界银行的数据，到2050年，这一趋势将导致50%的非洲人口生活在城市。具有生产性和高价值的农业土地同样存在问题。由于人们对农业的兴趣越来越大，加上城市人口迅速增长导致住房需求增加，农业和房地产用地正变得愈发稀缺。这种情况的后果之一是，一些人在没有获得适当文件或登记的情况下购买和获得土地。那些持有未登记土地的人面临土地被剥夺的风险。土地已经成为一种宝贵的资产，因此，土地落入另一位买家之手的可能性很高。人口的增长和市场的发展导致了竞争和冲突，使产权面临压力。各国政府也在努力集中分配或出售土地，而此前这是由酋长和传统领导人在社区层面进行的。这一过程有时需要时间进行对话和谈判，而投资者往往没有时间。政府、传统领导人和投资者必须共同努力，在不侵犯人民权利的情况下，找到切实可行的方法推进产权登记制度。

总的来说，非洲国家正在制定法律，禁止完全的土地所有权，但允许，例如，70年租约到期后续签。在做出土地购置决定时，企业必须向所在国家的土地委员会核实某一块土地的可用情况。在购置未开发土地后，重要的是立即开始开发，以避免前业主再次出售。如果没有资金用于土地开发，那么明智的做法是将土地出租给公司或个人，这些公司或个人可以在土地上搭建临时工程，以示经营并防止土地被抢夺。

8.避开过度饱和的市场

大部分投资者进入发展中的非洲国家都是为了追逐一些有利可图的机会，而不是扩大自己的兴趣领域以填补市场的战略缺口。作为非洲有影响力的合作伙伴，许多经济发达的国家也走上了这条道路。比如美国。

这造成了一种过度竞争的局面，大大小小的组织对稀缺资源和市场的争夺激增。这种情况增加了不确定性，这样的冒险对投资者来说风险太大。如果不法的投资者使用不公平的伎俩，以牺牲竞争者和消费者的利益为代价赚取高回报，情况可能会恶化。当你在一个独特的行业为一个独特的市场打造品牌时，通过市场研究做好功课是重要的一步。尽量避开过度饱和的市场，而在新的或饱和程度较低的市场推广产品。

9.区域内的运输费用

大多数非洲国家的交通系统对劳动力造成了负面影响。漫长的通勤距离（由于城市的生活成本）和糟糕的基础设施每天都在影响通勤者，而当原材料不得不经过长距离运输抵达制造工厂时，公司也会受到影响。此外，糟糕的公路网和铁路系统也会影响日常生产能力，进而影响年度经济增长。运输成本往往很高昂，特别是在内陆国家。这种情况可以在乌干达、马拉维和卢旺达看到。在这些国家，统计数据显示，运输成本高达商品零售价格的75%。

在你需要了解当地情况才能进行国内旅行的情况下，获得司机的服务可能是必要的。对于想要自己开车出行的投资者和商业代表来说，首选是安飞士（Avis）和欧洲汽车（Europcar）等国际汽车租赁公司。然而，如果你想考察当地的情况，你可以选择当地的汽车租赁公司。

10.找到熟练的劳动力

找到所需劳动力需要一些成本，这不是因为没有熟练的人才，而是因为有大量人口缺乏教育、实践和管理经验，使得寻找所需劳动力变得更加困难。此外，大量非洲劳动力已经移民到世界其他地区。在寻找特殊技能的过程中，公司可以选择雇用侨民。这一选择也带来了挑战，包括维护劳动力队伍、侨民艰难的生活条件、搬家成本以及移民和签证手续。当侨民决定回国或离开时，技能转移成了另一个挑战。这还可能导致关键人员依赖的问题，即一家公司过度依赖一名员工。此外，还可能出现因语言障碍导致的沟通问题。

有鉴于此，投资者和企业可以委托该地区拥有丰富跨文化工作经验的招聘公司。这些公司使企业不必为找到合适和称职的员工头疼。比如宝力蒙委托公司（Powerhouse Appointments），该公司的总部在南非，有地区和国际影响力。

11.合同执行

由于非洲的口头协议传统，许多企业主或企业家并不熟悉书面合同。正因如此，在非洲执行合同是一项重大挑战。腐败和贿赂可能会使问题进一步复杂化。此外，法庭费用和法律成本使这一程序变得非常昂贵。根据世界银行的数据，在南非，执行合同方面的审判和裁决平均需要近500天。

在非洲大陆签订合同时，可取的做法是特别注意律师为解决纠纷而制定的条款。这些条款在违约时提供了保护。由于大多数非洲国家的法律体系相当不发达，加上压价、腐败和贿赂现象频繁，选择在争端出现时进行仲裁是明智之举。因此，我们建议投资者和企业从一开始就在商业合同中加入仲裁条款。

12.施工许可证

施工许可证和其他许可证可能非常昂贵。想要获得此类许可证，企业需要符合建筑质量控制指数等法规，该指数衡量建筑施工中的良好作业、质量控制和安全机制以及建筑物本身的质量。尽管这是一个烦琐而漫长的过程，但法规是为了保护企业、工人和公众。当建筑部门受到严格监管以避免受伤或生命损失时，投资者信心会增加，企业和国家的经济效益也会得到提振。根据世界银行集团（World Bank Group）的数据，建筑业在大多数国家的GDP中约占7%。在非洲，有大批人员受雇于该部门。

对建筑业的监管使公众免受不安全建筑行为的影响，同时加强了产权。各国政府必须从战略上优化该部门，因为复杂而昂贵的手续将诱使建筑商在没有获得确保公民安全所需的许可证的情况下进行施工。发展中国家正在进行的许多建筑项目几乎没有得到批准或者缺乏许可证。在非正规建筑增加的情况下，公众会受到影响。缺乏施工的行为守则或道德规范为开发商建造不符合公认安全标准的建筑物提供了可乘之机。

机构制定的许可证流程导致了官僚作风，这一作风迫使公司选择更容易但更昂贵的方式——租赁。当管理施工的复杂规则占据上风时，腐败就站稳脚跟。依赖可疑手段获得施工许可的公司往往会在收购过程中陷入更复杂的混乱之中。政府应在第一时间妥善处理许可证问题，以保护投资或业务不受法律诉讼和消费者信心丧失的影响。

13.采购流程

采购方式潜藏着不确定性。贪污和其他形式的腐败在这一领域十分常见。对于希望在发展中国家创办企业的潜在投资者来说，复杂的程序让情况变得更糟。如果不加以控制，这可能会变得十分令人沮丧，以至于潜在投资者选择放弃原本可能有利可图的合作伙伴关系。从积极的方面来看，建立可靠的采购系统使投资者能够以透明和公平的方式开展活动。如果各国要提高投资者信心，公平的招标程序是朝着正确方向迈出的一步。另一步是高效、高性价比和无瓶颈的清关。

没有空闲时间并希望削减成本的公司可以选择外包或与价值链上的其他利益关联方合作。这里的目标是降低成本和交货时间，分担供应链中的责任和义务，并确保公司在行业中保持竞争力和可持续性。

14.选择可靠的电力供应

电力问题是一个敏感话题。在大多数非洲国家，拥有可靠的电力供应是一种挑战，甚至是一种奢侈。在一些国家，接入电网需要很长时间。在这些国家，接入电网所需的冗长程序引起了任何想要创业的人的担忧。而当这一障碍被克服时，电力不稳定和分区轮流停电问题就会随之出现。非洲开发银行估计，由于停电，非洲地区制造部门平均每年停工56天。

这对受影响的国家来说是个坏消息，因为制造部门既是各个经济体的支柱，也是增长和发展的动力。各国必须在这一部门投入精力和资源。个人和企业寻找能源问题的解决方案需要付出高昂的代价。例如，在尼日利亚，私人发电机的发电成本高达0.35美元每千瓦，与其他国家相比，这一成本高出许多。非洲地区的进步国家已经开始采取措施解决电力问题。

解决电力问题的一个方法是像中国那样投资新的发电厂。例如加纳从总部位于迪拜的非洲和中东资源投资集团（Africa and Middle East Resource Investment Group）进口了一座250兆瓦的应急发电站；再如，将在加纳南部的贝因

（Beyin）村建设的一座300兆瓦燃气发电厂，是康明斯热电联产有限公司（Cummins Cogeneration Ltd）和独立发电商乌塔能源（WUTA Energy）合资开发的。所有这些举措都是加纳制订的在2020年前为国家电网增加3665兆瓦电力的计划的一部分。这些措施还包括该国200兆瓦的屋顶太阳能发电厂，这是非洲最大的光伏和太阳能发电厂，也是世界第四大同类发电厂。该国还计划安装20万套太阳能系统，为家庭以及商业和政府设施提供电力。

这表明非洲可以利用可再生能源的巨大潜力来维持自身的快速增长和工业部门的发展。非洲地区必须继续研究和探索替代能源，以满足激增的企业家和投资者需求。由于不乏阳光和风能，非洲大陆有潜力生产清洁能源，而肥沃的土地可以用来支持生物燃料发展。

15.技术和社交媒体

一些非洲国家在技术进步方面的滞后，最终会影响这些经济体的商业增长。技术对任何企业的成长都是至关重要的，在信息时代尤其如此。先进的信息系统有助于企业在竞争激烈的环境中蓬勃发展。它有助于企业做出准确的决定。此外，数据可以更好地被存储和检索。非洲地区的企业和投资者不应被阻止经营活动的计算机化，特别是在顾客管理方面。一个理想的计算机化的客户反馈系统有助于提供良好的产品和服务,从而提高顾客满意度和利润率。

根据《2018年全球数字化系列报告》(*2018 Global Digital suite of reports*),非洲的互联网使用量同比增长了20%以上。南部非洲以51%的互联网接入人口拔得头筹,随后是北非(49%)、西非(39%)、东非(27%)和中非(12%)。

这一增长得益于手机普及率的提高。例如,大约88%的肯尼亚人通过手机以每秒约13.7兆比特(Mbps)的速度接入互联网。非洲的互联网普及率估计为35.2%,相当于4.54亿互联网用户。这显示了非洲互联网用户的强劲增长,如果企业想要影响自己的客户和追随者,这一趋势是不容忽视的,特别是社交媒体在非洲大陆的使用量大幅增加的情况下。

社交媒体使公司和客户得以进行实时沟通,形成牢固的关系,甚至允许客户影响产品设计和服务交付。然而,在没有明确战略的情况下发起社交媒体活动是不明智的,因为你可能会引发错误的反应。应先做一些研究,为你选择的方法获取信息。如果有疑问,请与专业的社交媒体公司或顾问签订服务合同,以帮助你获得最大的回报。图8.1显示,在社交媒体年度增长方面,有5个非洲国家跻身世界前10。加纳以22%的增长率位居非洲第一、世界第四，南非以20%的增长率位居非洲第二、世界第五。截至2018年年底，有超过1.78亿非洲人使用脸书，其中约95%的用户通过移动设备访问，这清楚地表明社交媒体和智能手机正在该地区普及。

随着非洲的发展，互联网、社交媒体和手机将成为实现创新和便利的最终手段。这种增长和动力还体现在非洲大陆的移动银行和计算机领域——一个由年轻人主导的领域。投资者和企业在非洲探索商机时不能忽视科技和社交媒体的发展。

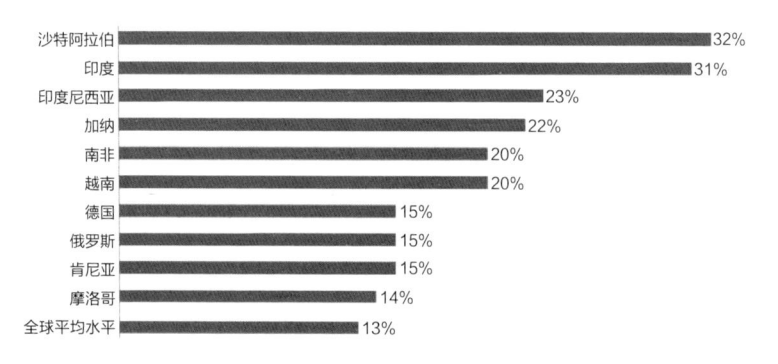

国家	用户使用率
沙特阿拉伯	32%
印度	31%
印度尼西亚	23%
加纳	22%
南非	20%
越南	20%
德国	15%
俄罗斯	15%
肯尼亚	15%
摩洛哥	14%
全球平均水平	13%

图8.1 社交媒体使用量年度增幅最大的国家（用户使用率）

资料来源：《非洲商业阶层》；脸书；Kepios Analysis；Hootsuite；Ding；Kakao；腾讯；We are Social；Web Africa。

16.与当地消费者打交道的最佳方式

投资者和公司如果想要让自己的品牌产生真正的影响,就必须确保他们了解客户的价值观、行为模式和需求。例如,公司需要了解不稳定的收入来源会如何影响消费者的购买习惯。一些消费者在有钱的时候会购买大量商品,但在收入微薄时可能会转而购买较少的商品。因此,包装等微小细节成了满足消费者购物需求的关键。此外,如果你的客户像大多数非洲人那样重视人际关系,而你开发了一款优质产品,但鲜有或根本没有客户在意和参与,你的产品最终可能会在同类产品中垫底。这一看似复杂的过程可以通过研究和市场细分加以掌握。因此,市场研究公司的服务再次成为商业成功的核心。根据要求,这类咨询公司甚至可以提供营销和推广战略作为针对消费者市场的附加服务。

17.税收

如果我们生活在一个免税的世界,没有公司会在计算净利润的时候抱怨。但各国必须发展、建设基础设施并资助技能发展,以维护不断增长的人口和经济。当税收不到位时,各国的预算就会吃紧,发展将因此停滞。世界银行企业调查进行的一项题为"创新企业是受害者还是肇事者?"的研究揭示了加纳等一些发展中国家经历的逃税和税收损失造成的影响。这项研究使用了丰富的多国数据集，对超过25000家公司进行了抽样，发现其中23%的公司存在出于税收目的行贿和少报收入行为。另有14%的公司只行贿，还有23%的公司只少报收入。2007年到2008年，肯尼亚税务局记录的税收损失为19.7亿美元（2000亿肯尼亚先令）。

公民逃税导致税收的进一步损失，在非正规贸易部门尤其严重。当这种情况发生时，它会给正规贸易部门带来不必要的压力。例如，加纳大多数有收入者（约79%）逃税，部分原因是庞大的非正规商业部门使政府几乎不可能征税。

在非洲经济增长早期，一些国家存在这样一种制度，即市政委员会的工作人员挨家挨户地向非正规贸易的从业者征税。随着人口的增长，实践这个制度变得越来越困难，腐败和管理不善的大门因此敞开了。能否重新对这一制度进行反思和改造？数字和生物识别居民身份证技术将使完善这一制度成为可能，并使其不仅有可能减轻正规贸易的税收负担，而且有可能为提供就业和促进减贫的发展项目创造大量收入。

18.跨境贸易

在跨境贸易方面，政府必须使进出口贸易变得更加容易。冗长而烦琐的文件流程导致的延误使非洲大陆每天损失数百万美元，更不用说只能在远离边境口岸认证办公室的首都办理的集中化程序。有时，造成延迟的原因是客户和市场结构不明确，或者是难以取悦的官员忽视了大局。更多的客户意味着更多的生意、更多的国库资金和更理想的薪酬，而更理想的薪酬将带来更好的生活质量。好消息是，为了使跨境贸易变得更加容易，大多数非洲国家正在进行改革。其中一项措施是使用电子技术加强跨境贸易。此外，《跨境贸易商宪章》（*The Charter for Cross Border Traders*）得以实施，为企业的自由贸易和官员的高效工作提供了顺畅、安全和友好的环境。该系统将减少企业处理文书的时间。

19.工作中的安全保障

当企业被迫外包安全服务以遏制与犯罪有关的损失时，非洲大陆的安全保障将变得代价高昂。一项研究显示，大多数非洲公司报告的损失是安全保障不足造成的。这些损失估计为总损失的15%，高于欧洲和亚洲等地区。统计数据显示，近60%的公司使用保护服务来避免损失。安全研究所的一份报告显示，武装抢劫软目标（如商场和孤立的企业）的行为正在增加。《国际商业报告》（*International*

Business Report）也显示，74%的企业高管证实，与安全相关的成本增长对他们的企业来说是一个日益沉重的负担。根据南非银行业风险信息中心的数据，2018年上半年，南非发生了约159起运钞车抢劫案，仅特种车辆的报废就造成了超过6700万兰特（约合460万美元）的损失。2018年9月，南非优先犯罪调查理事会（Directorate for Priority Crime Investigation），即飞鹰组发布了一份运钞车抢劫案报告，披露2008年至2016年发生了近2000起运钞车抢劫案，造成总损失超过110亿兰特（约合6870万美元）。

如果这一犯罪趋势持续下去，安保成本的增长可能会削减人力资源预算，影响消费者和投资者的信心，并阻碍非洲整体增长的可持续性。不过也有好消息。非洲各国政府正在加强安全措施，以保护企业和公众。例如，2018年6月6日，南非警察部长贝基·塞莱（Bheki Cele）宣布在24小时内逮捕了13名运钞车抢劫案嫌疑人，其中包括一名犯罪集团的二把手。除了政府努力加强对软目标的安全保护外，投资者也应谨慎选择经商地点。与其他企业合作以保障安全是个好主意。安全问题也为希望探索非洲安全产业的企业和投资者提供了机会，因为毫无疑问，非洲的这一产业正在增长。

20.解决资不抵债问题

当公司或个人无法继续履行财务义务时,就会出现资不抵债的情况。资不抵债是总资产低于总负债导致的净资产为负值的情况。这种状态导致公司账面破产。当一家公司由于缺乏流动性而无法偿还债务时,现金流破产就出现了。许多非洲国家往往具有复杂的破产程序。解决资不抵债问题需要相当长的时间,这有时是因为没有既定的程序。

为了促进非洲地区的创业并鼓励投资,破产问题应该得到更有效、更及时的处理,不给滥用制度者留有空隙。破产机制如果得到有效利用,将使企业和非洲摆脱经济负担和意外失业,同时保护金融部门和贷款人。

不能忽视的四件事

1.选择市场时应该考虑人口规模和多样化的品位

为了确保自己的资金投入是值得的,企业和投资者必须适当地引导其精力和资源。在非洲大陆经商时,地理位置是一个重要考虑因素。非洲大陆幅员辽阔,具有经济多样性和多种文化品位。投资者应一次只关注一个国家,这使他们能够从特定国家的动态和商业潜力中学习,并将学到的经验应用于其他国家和区域中心。每个国家可能都需要特定的方法、各种资源和投资者的努力。始终考虑区域性,而且要在本地运营。选择一个适合部门发展或投资的国家同样至关重要。例如,在选择要投资的国家时,应该考虑不断扩大的市场规模以及包括石油和天然气在内的资源丰富度等因素。其他考虑因素包括人口规模,特别是在人口密集的城市,如加纳的阿克拉、尼日利亚的拉各斯和肯尼亚的内罗毕。在这些城市,为广大城市人口开发大量产品和服务是有利可图的。

2.当地人脉和对当地的了解

另一个重要的考虑因素是确定当地的人脉。对当地的了解和当地人脉对于应对复杂的审批和监管制度、合适的商业选址和雇用值得信赖的劳动力至关重要。正如英国和法国在东非的跨国公司一样,外国企业的成功渗透有时取决于这些企业历史上与非洲国家和政府的联系。例如,法国后裔可能会选择在非洲法语国家建立一个商业基地,从这里向非洲其他地区扩张。这一选择将语言和文化考虑在内。

进入一个熟悉的行业也是在非洲大陆经商的关键。由于非洲大陆的文化、语言和市场品味十分复杂,在一个自己有自信和了解的行业建立和发展一家企业的能力也很重要。直接收购当地的自由企业是实现这些目标的一种方式。这就是欧莱雅在肯尼亚收购健康和美容企业消费者间产品有限公司（Inter Consumer Products Limited）时采取的方向。这条道路在农业综合企业、消费品以及移动和互联网技术等领域提供了诸多机遇。

3.人际关系的价值

与人建立联系很重要，非洲人认为这是建立商业关系的宝贵方式。在一个重视人际关系的大陆，经商必须包括相当大一部分的人格化交易，这与进入咄咄逼人的市场不同。至关重要的是，投资者和企业要努力理解大多数非洲人的经商方式背后的原因。一个典型的原因是，在过去，大多数非洲人经商在很大程度上依赖家人和朋友的推荐。还有基于信任做出口头而非书面合同和协议的传统。商人或投资者越早理解这一点，对他们的生意或投资就越有利。

这绝不是说口头合同是非洲的经商方式。事实上，从事正规贸易的大多数当代非洲商人都精通书面合同。然而，非正规贸易的情况不太一样，非正规贸易的大多数贸易和业务都是以传统方式进行的，即口头合同和中间人担保。这是因为大多数非正规交易者的读写能力有限。他们如果要签订书面合同，将需要一个漫长的过程来寻找一位受过教育的亲戚或朋友来帮助他们，而且由于这些人可能没有法律背景，这可能会拖延几个月，从而降低客户对生意的兴趣。如果你的品牌依赖非正规交易者，那么你可能需要找一位当地的顾问来指导这个过程，因为在这个过程中存在许多灰色地带。记住，人际关系的价值永远很重要。

4.克服腐败

下一个关键因素是应对腐败，腐败是许多非洲公司的恶习。与世界上大多数地区的情况一样，腐败在商业的几乎所有方面都是一个日益严重的问题和挑战。然而，发展中的非洲商界正在努力根除商业中的腐败。与此形成鲜明对比的是，腐败的政客往往会因为没有收到贿赂而叫停进行中的商业交易。当公众意识到投资项目带来的好处时，情况就会变得更加复杂。尽管这些挑战在非洲地区十分常见，但潜在投资者不应因此却步。他们应该把非洲视为最终的投资目的地，并尽自己所能避免受到腐败的侵蚀。

非洲国家目前的增长和发展水平正在吸引全球投资机会来到这个大陆，但总会有少数人试图扭曲和欺骗制度。为了克服经济各个层面存在的腐败，政府、企业和投资者必须发挥自己的作用。商界领袖应该努力激励廉洁的交易。拥有一个值得信赖的理想商业伙伴,将在处理潜在陷阱以及满足监管、法律和税收要求方面有很大的帮助。制定和实施正确的反腐战略和准则将确保非洲的商业成功。

第九章

准备在非洲投资和经商

非洲已经为商业做好准备了。蓬勃发展的经济及其可以为居民和商业盟友提供的竞争机遇将非洲大陆定位成一个适宜投资、充满希望和活力的商业目的地。非洲正在崛起，并将成为投资、劳动力和工业化的最后边疆。商品繁荣可能已经结束，但鉴于非洲是基本商品的净出口商，该地区仍在经历大幅增长。健全的宏观经济和微观经济改革政策以及经济部门的整体改革意味着非洲各经济体将能够维持商业增长和上升轨道。尽管非洲大陆各国面临着不同的外部挑战，但大多数国家都在努力实现经济多样化，以实现更强劲、更具包容性和更可持续的增长。

在非洲联盟和各次区域联盟的帮助下，非洲地区多国政府已经开始实施更加理想的宏观经济政策。它们开展了贸易改革和跨地区合作，大幅减少了冲突事件，增强了政治稳定性。它们还紧锣密鼓地展开了基础设施建设，加大了减税和降低进口关税等针对企业和投资者的激励。

世界银行证实，非洲已经成为仅次于北美洲的世界第二大最具吸引力的投资目的地，要知道，非洲的外国投资回报率高于任何其他发展中地区。非洲外国直接投资增加的原因是全球投资者被该地区日益壮大的中产阶级所吸引。事实上，投资者正努力在南非、埃及、摩洛哥、加纳、尼日利亚和肯尼亚等目前主要的投资目的地之外建立更多的商业联系。非洲地区工业化和投资水平的激增将有助于各国开发就业、资源采掘和减贫等领域的潜力。

非洲存在商机，特别是在建筑、制造业和金融服务业等非商品部门。正因如此，中国已经成为非洲外国直接投资的单一最大贡献国。2016年，这个亚洲巨人贡献了非洲约38.4%的外国直接投资，而美国、法国和英国的贡献合计为8.6%。自2005年以来，中国在非洲的外国直接投资一直是致力于非洲大陆发展的贷款和援助，这在非洲创造了约13.1万个就业岗位。

由于亚洲国家的生产成本不断上涨，全球制造商正在转向科特迪瓦、毛里求斯、卢旺达、博茨瓦纳、纳米比亚、肯尼亚和埃塞俄比亚等具有潜在竞争力的非洲国家。非洲如果要实现其所有经济雄心，就需要更多的人在今后20到30年里加入技术劳动力大军。目前，技术劳动力人数并不是那么可观。例如，中国耗资34亿美元在亚的斯亚贝巴和吉布提之间修建了一个铁路网以促进贸易，但因埃塞俄比亚的技术人员仍需接受培训，中国必须在未来5年投入自己的技术人员。这一安排不仅拖累了中国在非洲大陆的扩张计划，还打击了非洲支持自身技术增长的意愿。据加纳新闻网站Joy Online

报道，这列悬挂埃塞俄比亚国旗的列车是由中国中铁股份有限公司和中国土木工程集团有限公司共同修建的，其中70%的项目资金来自中国进出口银行。这个例子和许多其他关于外国技术支持的例子强调了对技术培训进行投资的重要性。

在接下来的20年里，非洲需要通过有收益地雇用本洲人口并大力投资能够满足非洲人的经济、社会和教育需求的领域，从而充分利用自身巨大的人口结构转型中的价值。埃塞俄比亚等国的成功案例表明，非洲有潜力成为全球外包中心。由于埃塞俄比亚的廉价劳动力和税收优惠，中国、印度、斯里兰卡和孟加拉国等国正将本国的纺织品生产外包给埃塞俄比亚。凭借中国2.5亿美元的投资，埃塞俄比亚的哈瓦萨工业园（Hawassa Industrial Park）已经成为新的时装中心，到2020年还将有8个新的时装中心开业。这一发展使埃塞俄比亚走上了拥有本土"埃塞俄比亚制造"的品牌之路。

有鉴于此，非洲大陆各国及其发展伙伴正在采取措施弥合技能差距。此外，它们正在利用日益增长的外国直接投资，建立一支技术更加先进的劳动力队伍，重点是科学和数学教育。自2014年以来，共有43个非洲高等教育英才中心成立，其中19个设在西非和中非，24个设在东非和南部非洲。

该项目预计到2019年底投资2.9亿美元，以帮助实现科学、技术和高等教育转型，促进本地区劳动力的发展，并应对非洲增长带来的挑战。

此外，这些高等教育中心经过现代化改造，可以使不断增长的年轻人口掌握技能和知识，从而确保未来几十年贸易和工业发展的可持续性。熟练劳动力的增加和非洲联盟推出的全非统一电子护照对投资者和非洲人来说是天作之合，他们因此可以几乎不受限制地在非洲大陆从事贸易活动。全非统一电子护照于2016年7月推出，旨在加强非洲作为一个统一大陆的一体化水平，从而进一步提高流动性等经济因素。

随着机会和商业环境的成长，投资者和企业正在想方设法进入非洲市场，加入其他已经获得丰厚利润的投资者和企业之列。

进军非洲市场分步指南

非洲是绝佳的经商之地，尽管仍存在各种挑战，如城市中心过度拥挤，一些领导人和企业存在腐败，以及在某些情况下，由于公路网尚未完工，从农村获得原材料的速度很慢。非洲的经济机遇远远大于挑战。对于许多投资者来说，问题从来不是他们是否会投资，而是如何开始他们的投资之旅。

1.确定需求或发现市场缺口

如果你热衷于在非洲投资或探索投资机会，第一步将是调查是否存在针对你的产品或服务的需求。你还可以关注是否有一个特定的成长型行业值得投资或需要资金。你可能已经找到了确保供应链平稳运行的方法，又或许是你的竞争对手没有带给客户的额外价值。无论你做什么，都不要随大流——使用竞争对手提供的相同产品并进行修改。顾客此前很可能见过这样的产品。而且，等你开始进入市场时，产品的发明者可能已经创造出了更好的版本。这并不是说你不能学习竞争对手的经商方式——远非如此。学习他们的最佳做法并尽可能地加以利用，但不要抄袭他们的产品。你不应追着别人的尾巴跑，而应创造独一无二的产品，解决普通非洲人日常生活中的现实问题或满足中产阶级或精英消费者的特定需求。如果在不断改进和增值的情况下完美做到这一点，你将很有可能获得最大的市场份额。

2.找到一位当地代表

找到一位当地代表很重要。这可以通过与已经从事某一行业的个人或公司缔结伙伴关系实现,也可以通过一家咨询公司实现,它可以帮助你确定一条供应链或一个可行的投资项目。请注意,该步骤不同于雇用一家市场研究公司。找到一位当地代表很有帮助,因为当你需要关于目标市场、产品或服务的信息时,你可以向某人提问或前往拜访。查明他们是否已经有任何可能导致利益冲突的合同安排了。注意不要做出任何承诺。不要讨论任何份额或付款。请记住,这只是实情调查阶段。此外,为了将风险降至最低,始终要有第二个联系人为你核实得到的信息。

3.计划一次最初的实情调查之旅

在确定一位联系人后,下一个重要步骤是制订计划和前往市场。携带一些产品样品。为了安全起见,让旅行社为你完成所有预订。它们很可能知道应该待在哪些安全区域。互联网也为我们提供了将风险降至最低的机会。你可以自己做调查,并把名单交给你的旅行社,让旅行社帮你预订。始终要为你的预订制订一个取消计划,因为第一次出行被取消或推迟的可能性很高。至于住宿,建议住在购物中心或商业中心内部或附近的酒店,这样你就不必依赖当地的交通或者你的代表获得食物或与当地人互动。与当地人互动是你首次出行的重要任务,而商业中心一直是一个很好的起点。这里的关键不仅是与经纪人或公司所有者交谈,还包括收集关于当地人的信息,这包括人们的文化以及他们对产品或服务的看法。警惕为你预订酒店的个人或代理,他们可能带着土地平面图、公司文件和土地或公司的所有者到酒店与你会面,然后坚持第一次来访时在酒店签署文件。你需要时间收集自己的信息并在返回后对信息进行处理。你最不想做的事就是在第一次出行时签署任何文件。如果第一次出行包括会见一位政府部长或总统办公室的某个人,那么请在出行前熟悉出访国的外交礼仪。曾经有过这样的例子,人们因不熟悉外交礼仪错过了巨大的商机或合同,因为他们的做法过于直接,或者他们通过错误的渠道会见了一位部长,此举被不幸地解读为试图破坏当地的礼仪。如果你试图在一个国家开展持久和可持续的业务,这一点就尤为重要。

4.完善你的产品、服务或投资选项

结束第一次出行之后,你就会知道你的产品或服务是否已经准备好进入目标市场。如果你的产品需要更多的准备工作,这是一个完善产品的机会。不要急于求成。重要的是开发你的客户会产生忠诚度的东西。在这一阶段,最好要求你的代表向你发送一份报告,其中包含一些供你比较的方案或选项。利用你目前的市场,尽可能地了解你的产品的潜力以

及如何改进产品以满足客户的核心需求。在改进产品的同时，继续与目标市场中的联系人接触，确保产品上市所需的基础工作已经就绪。

5.准备好你的合规文件

合规文件的重要性再怎么强调都不为过。这些文件包括你的公司注册证书、许可证、产品注册证书或知识产权证书、概述产品内容的制造商证书以及产品健康安全证书。其他文件包括原籍国税务局开具的信誉良好证明或完税证明、董事身份文件及简历的复印件，以及专业团体成员证明。如果业务涉及进出口，请确保你有必要的文件。确保携带与你的公司、产品或服务相关的所有其他规范性文件。此外，如果你正在寻找合作伙伴或投资者，请不要忘记商业计划、审计报告和营业额证明。当一切准备就绪后，在最近的相关国家高级专员公署或大使馆对所有文件进行公证，以加快认证过程。

在大使馆，请表现出最得体的举止。不要抱着"我要在你们国家投资，所以你得为我公证这些文件"的态度前往大使馆。记住，大使馆工作人员在大使馆履行本职工作，他们必须遵守规章制度。确保你公证了两份文件，然后寄出一套公证后的文件，以便开始国内注册，包括标准委员会或制药公司的产品认证。此外，你还可以预约该国高级专员公署的贸易和投资部门讨论你的提案和计划。这将使该国代表回答与你的投资需求有关的任何问题。

6.开展市场研究

当所需的经营文件准备就绪后，开展市场调查是非常重要的。这将有助于收集客户的反应、倾向以及对产品或服务的反馈。收集到的数据还将为你的产品或服务建立一个基准，并有助于产品的改进。考虑到非洲市场的动态性质和不同文化，强烈建议你购买一家公司或研究机构的服务，这家公司或研究机构需要特别关注你的客户将如何根据他们的文化和习惯对你的产品或服务做出反应并与你的产品或服务互动。例如，如果你的分销渠道是非正规贸易，那么现金处理将是你的战略和风险因素的关键部分。这一点一旦确定，就可以建立适当的机制来控制和最小化相关风险。

7.计划第二次出行以签订文件

第二次出行非常重要，因为你可能需要在文件上签字以完成与合作伙伴或经销商的交易。计划在出访国至少停留一个月，以确保不会有任何事情悬而未决。如果你不能在计划的时间内停留，那么让一位同事或家人留下来代表你完成相关事宜。在这个阶段，你还需要考虑在当地组建一个团队。要了解你将要投资的国家，必须亲临现场，这一点再怎么强调都不为过。例如，亲自考察有助于你了解当地的商业法律，建立信任关系，这将在很大程度上提高你在目标市场获得成功的可能性。如前所述，一定要让律师检查协议中的细节。除其他事项外，尤其要确保诉讼程序的条款对你是公平的。

8.计划一次产品或公司发布会

在非洲，以向市场介绍或展示品牌为目的的公司或产品发布会与开发产品本身一样重要。在非洲，路演[①]曾经是最有价值的产品发布工具，尽管如今它依然管用，但WhatsApp、脸书和照片墙的活动以及广播节目的赞助都更有力。另一个很好的渠道是通过市场协会或网络发布产品。这些团体不但会促进市场渗透，而且会通过向零售商

---

① 路演（包含但不限于证券领域）是指通过现场演示的方法，引起目标人群的关注，使他们产生兴趣，最终达成销售，是在公共场所进行演说、演示产品、推介理念，以及向他人推广自己的公司、团体、产品、想法的一种方式。——译者注

提供折扣，从零售商渠道推销产品，从而确保产品到达消费者手中。邀请媒体名人和你所在行业的知名人士作为特别嘉宾出席发布会，对在非洲推广你的产品大有裨益。确保你用来宣传产品的任何媒体名人或知名人士都没有丑闻，因为丑闻可能会损害你的品牌。无论你做什么，一定要以非洲风格大张旗鼓地大胆进行。

9.不断监控、完善和改进

监控你的公司或产品在目标市场的表现非常重要。为了有效地做到这一点，你需要亲自参与，而不是仅仅依赖第三方。毕竟，这关系到你的投资。通过全面参与，你不仅会看到你的产品或服务表现如何，而且会看到你的努力是否得到了应有的回报。持续地改进产品是在非洲市场生存的关键。非洲地区消费者的数量和偏好都在增长，因此必须迎头赶上这个趋势并保持积极主动和创新。

进入非洲市场并不困难，但必须以正确的方式进行。如果你进入非洲市场的决定和由此产生的战略经过深思熟虑，那它们将产生预期的结果。随着激烈的竞争和来自中国市场的大量产品，价值、耐用性和客户关怀是在非洲地区建立可信和有利可图的品牌的关键要素。另一个需要考虑的关键因素是目标市场的收入水平和消费能力。良好的收入水平和消费能力会增加你获得可观利润的机会。

如何利用非洲的经济增长和消费者支出？

非洲的总体经济前景良好，年均增长率为4.3%。在商品和石油价格上涨的背景下，非洲地区在2017年实现了近两年来最强劲的季度增长。这种增长也在转化为更庞大的中产阶级。如图9.1所示，许多家庭现在的年均支出为5000至20000美元。当前稳定的经济增长和消费者支出的增加对于那些计划在非洲大陆扩张业务或创业的人来说是个好消息。非洲的3个主要次区域（西非国家经济共同体、东非共同体和南部非洲发展共同体）大约有9个重要市场。

据估计，到2020年，这9个市场的消费者支出总额将达到6780亿美元。预计到2020年，仅南非一国就将占到这一支出的46%，即3150亿美元。非洲开发银行也做出估计，到2030年，非洲将会有近15亿消费者，消费者支出估计将达2.2万亿美元。图9.1概述了肯尼亚、埃塞俄比亚、乌干达、尼日利亚、加纳、塞内加尔、南非、安哥拉和赞比亚这9个主要市场的消费者支出情况。

	肯尼亚	埃塞俄比亚	乌干达	尼日利亚	加纳	塞内加尔	南非	安哥拉	赞比亚
亿美元	370	430	300	1670	290	160	3150	180	230

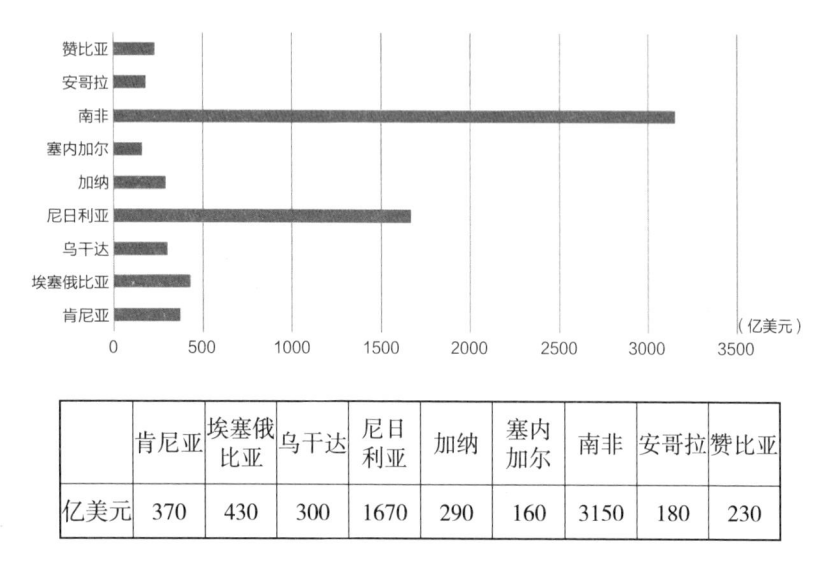

图9.1 9个非洲市场到2020年的消费者支出

资料来源：《非洲商业阶层》，2018；欧瑞（Euromonitor）；世界银行。

投资者如果想要利用非洲的预计消费者支出，就必须了解这些国家的收入实力以及消费和购买能力。投资者还必须调查为商业创造有利环境并在出现任何问题时保护投资的现有法律文书和制度。当制度运作良好时，它们在经济增长中发挥着重要作用。然而，当制度无力时，它们就可能让它们本应保护的人员、企业、投资和财产置于险境。对一项制度起到削弱作用的因素包括腐败、政治干预、执法不力以及在某些情况下缺乏强大的公民社会。

展望未来，非洲各国政府和人民应该建立和维护强健的促进经济增长和减少贫困的制度。同样重要的是为可持续经济增长创造有利的商业和政治环境。如果想让普通民众和投资者从非洲地区的快速经济增长和消费者支出中受益，各国政府就必须建立强大和有效的民主制度，这些制度既要负责，又要透明，而且也要对不断变化的经济环境做出反应。当这一点到位时，许多投资者将以最小的风险从非洲的经济繁荣中受益。

投资部门

对非洲的经济繁荣感到兴奋是一回事，但至关重要的是知道投资或主导哪个部门。一些增长最快的部门包括农产品加工、农业相关服务、将停电影响降至最低的可再生能源，以及数字辅助医疗。其他部门包括移动通信和金融科技、为不断增长的城市人口服务的住宅建设和交通、接待服务和门到门物流。快速增长的部门是体育博彩、付费电视以及为不断增长的旅游业促进的非洲时装、电影、音乐和戏剧。到2025年，仅医疗保健技术的价值就预计达840亿~1880亿美元。这些技术包括使用区块链技术在不同地区的医生、护理人员和其他医疗保健从业者之间及时传播和共享患者记录。生物识别将使在几毫秒内完成数据匹配成为可能，并有助于消除治疗中的错误，特别是在紧急情况下。人工智能还可以通过血样分析缩短诊断时间。这项技术对于医患比约为1∶5000的非洲大陆而言至关重要。

大多数非洲国家需要首先改善基础设施，这一点再怎么强调都不为过，这使得基础设施成为投资者探索的关键领域。尽管大多数学者和经济学家将非洲视为下一个投资前沿，但这一目标的实现将取决于大量提高生产率的基础设施投资。撒哈拉以南非洲未来10年对基础设施的需求预计为每年930亿美元，如果不加强信息与通信技术，实现集体用电并改善道路网，经济目标就不可能实现。例如，根据非洲开发银行的数据，投资带来的贸易量增长将使未来20年对集装箱运输的需求增加近8%。

同样，电力供应仍然是一个有待投资者探索的部门。目前，非洲的电力基础设施正在艰难地支撑该地区快速增长的产业和家庭需求。持续的停电令企业和非洲各国都付出了经济代价。尽管各国政府正在尽其所能升级电力部门，但解决这个问题需要私营部门的投资，以产生推动和维持该地区经济快速增长的必要因素。替代能源包括太阳能和风能，以及源自植物和废弃物的生物燃料。

非洲经济的快速增长在移动通信和金融科技领域创造了

机会。许多家庭现在都接入了互联网和电话服务。据全球企业增长咨询公司弗若斯特沙利文（Frost & Sullivan）称，到2020年，非洲地区将从包括宽带和移动连接在内的网络服务中创造价值2000亿美元的商机。另据估计，到2020年，一半的非洲人口——超过6亿——将使用智能手机（见图9.2）。这一发展将为那些希望在非洲地区将移动销售、营销和其他移动服务目标（例如用于交易、医疗保健和旅游的移动应用程序）最大化的企业提供优势。

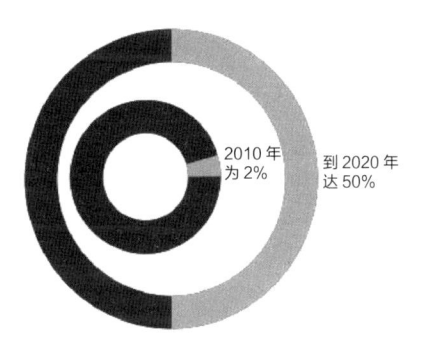

图9.2　智能手机在非洲的普及度

资料来源：《非洲商业阶层》；全球移动通信系统协会移动智库。

金融科技是手机普及的副产品，在非洲被用来在零售银行进行实时交易、进行投资和提供金融知识培训。通过金融科技，预计到2025年，将有超过60%的非洲人可以享受银行服务。今天，许多非洲人通过手机购买商品和服务以及通话时间。人们前往银行或金融机构开立账户或进行需要物理识别的查询。金融科技正在为非正规贸易和低收入家庭带去数字化银行，要不是金融科技，非正规贸易和低收入家庭将被传统银行和主流金融服务机构忽视。如今，许多非洲人在手机上进行交易，而不是拥有银行账户。据估计，到2025年，90%以上的非洲人口将使用移动钱包进行日常交易和汇款。Snap Scan和Pay Stack等非洲的金融科技公司正在使投资者和消费者的交易变得更容易。例如，在短短几个月内，总部位于尼日利亚的金融科技企业Pay Stack就成功地从当地和国际投资者手中筹集了约130万美元。这迫使一些传统银行朝金融科技方向发展。南非第一国家银行是正在理解金融科技的非洲主流银行之一，该银行为客户提供易于使用的银行应用程序和平台。与西方不同，非洲的金融科技企业家直接向终端用户提供数字金融服务，而不是通过老牌金融机构。到2020年，非洲地区将在现有手机用户基础上增加约4亿智能手机用户。看看非洲的手机普及率和金融科技的增长速度，投资者很可能会从这个前景光明的产业中受益。

非洲的时装、电影、音乐和戏剧也是不断增长的产业。非洲各国政府正在鼓励本国公民购买非洲制造的面料和服装，丰富的色彩和文化意义使非洲制造的面料和服装与众不同。据欧睿信息咨询公司称，撒哈拉以南非洲的服装和鞋类产业价值310亿美元。此外，音乐和戏剧产业也在增长，特别是随着非洲地区的游客人数逐年上升，许多游客涌入剧院观看非洲故事。今天，非洲青年正在将传统民间音乐和西方节拍结合在一起，创造出吸引非洲青年和西方歌迷的令人惊叹的歌曲。非洲地区的电影产业也在蓬勃发展。尼日利亚移动娱乐集团iROKOtv等公司正在非洲赢得声誉。iROKOtv的在线电影平台为会员提供超过5000部瑙莱坞[①]（Nollywood）电影。通过与法国公司Canal+[②]的合作以及约4000万美元的投资，iROKOtv已经使自己成为非洲的网飞（Netflix，美国在线流媒体视频服务商），提供全球点播流媒体服务。这些发展使非洲地区的时装、电影、音乐和戏剧成为值得投资者探索的产业。

另一个对投资者极具吸引力的部门是农业部门，尤其是农产品加工。在大多数非洲国家，需要大量投资的大规模

[①] 尼日利亚因年产数千部影视作品而被视为非洲的好莱坞（Hollywood），亦称尼莱坞、诺莱坞，与美国好莱坞和印度宝莱坞（Bollywood）齐名。根据联合国教科文组织统计研究所发布的数据，尼日利亚在2019年一年就发行了2599部电影，排名第二的印度有2446部，包括美国在内的其余国家均未超过1000部。——译者注

[②] Canal+于1984年11月4日推出，是法国的第四个电视频道，也是世界上第一个全国性地面付费频道。——译者注

种植仍然是一个尚未开发的部门。根据联合国的数据，在非洲，面积不足2公顷的家庭农场占所有农场的80%，即3300万个。只有3%的家庭农场面积超过10公顷。按照目前的非洲人口增长速度，自给自足的家庭农场无法继续养活非洲大陆的人口，更不用说出口农产品了。因此，大规模商业种植，包括对人类友好的农作物种植可以说是未来的发展方向。随着商业种植的发展，种植有机农产品的农民也将和大规模种植的农民一起填补缺口。他们种植的作物包括棉花、玉米、大豆、豌豆、木薯、红薯、甘蔗、香蕉、水稻、西红柿和小麦。南非、苏丹和布基纳法索在农作物商业化方面处于领先地位。

农产品加工也是投资者的大好机会。大部分未被消费的非洲农产品会在收获期间和收获季节之后腐烂。根据世界银行的报告，非洲的农业和农业综合企业市场将在2030年达到10000亿美元。由于农业和农业综合企业到2030年预计成为一个价值10000亿美元的产业，现在踏入这一领域将是一个战略举措。

● 做好准备，到2030年为15亿非洲人口提供食物和创造就业岗位，到2050年为超过25亿非洲人口提供食物和创造就业机会，同时在这个过程中赚取可观的利润。

● 约48%的非洲人口依靠农业就业。到2020年，农业供养的非洲人口将超过5.8亿。

- 到2030年，非洲粮食市场的规模将增加两倍，达到10000亿美元。

非洲的可再生和不可再生资源是不断吸引投资者的领域。例如，2018年一份关于非洲能源部门的市场情报报告表明，到2030年，非洲的废热可满足令人震惊的1200000万亿千瓦的工业能源需求，而据南非可再生能源独立发电商采购项目预测，2018年，南非可再生能源的成本将与不可再生能源的成本相同。据估计，非洲有9000万人以渔业为生。根据非洲联盟的数据，从事小规模作业的渔民占非洲渔业从业者的60%。据估计，有2亿非洲人以鱼类为蛋白质来源。这突显了投资渔业的重要性。

非洲是世界上化石燃料（煤炭、天然气和石油）和矿产等不可再生自然资源最丰富的大陆（远超其他大陆）。非洲坐拥全球30%的矿产储备，是该部门投资的理想之地。

非洲的矿产资源包括：

- 煤炭，用于发电和工业供暖。煤炭生产国包括：坦桑尼亚、南非、埃及、莫桑比克、博茨瓦纳、马拉维、尼日尔、斯威士兰、津巴布韦、赞比亚。
- 石油和天然气，非洲每天生产近600万桶石油。到2020年，29个非洲国家将生产石油和天然气，其中最主要的生产国包括：

尼日利亚（以1000亿美元的出口收入成为非洲第一大产油国。日产量为250万桶；天然气储量超过180万亿立方英尺）。

安哥拉（非洲第二大产油国，日产量为190万桶；天然气储量为9.7万亿立方英尺）。

阿尔及利亚（第三名，日产量170万桶）。

埃及（第四名，日产量70万桶）。

利比亚（每天50万桶）。

坦桑尼亚（天然气储量超过30万亿立方英尺[①]）。

其他国家包括：刚果共和国、南非、苏丹、赤道几内亚、加纳、乍得和加蓬等。

● 铝，占全球总产量的5%，每天都有更多储量被发现，非洲的主要铝矿生产国包括：

南非（占非洲产量的48%）。

莫桑比克（占非洲产量的32%）。

埃及（占非洲产量的14%）。

其他国家（占非洲产量的6%）。

● 铝土矿，非洲最主要的铝土矿生产国包括：

几内亚是非洲最大的铝土矿生产国，产量远高于其他国家，占全球产出的 8%，占全球储量的30%。几内亚计划到

---

① 1立方英尺约等于0.0283立方米。——编者注

2020年将产量提高到25%。

加纳（非洲第二大铝土矿生产国）。

● 铜，非洲占全球产量的6%。下述为非洲主要铜矿生产国：

赞比亚（全球产量第四高，非洲产量第一）。

刚果民主共和国（拥有72个铜矿床）。

几内亚（非洲第三大生产国）。

钻石，非洲贡献了全球产量的46%。其中：

博茨瓦纳（占全球市场份额的25%）。

安哥拉（占全球市场份额的9%）。

南非（占全球市场份额的8.4%）。

纳米比亚（占全球市场份额的8%）。

● 黄金，非洲拥有世界黄金储量的21%，2020年产量将达710吨，非洲的主要黄金生产国包括：

南非（年产140吨）。

加纳（年产105吨）。

刚果民主共和国（年产65吨）。

马里（年产55吨）。

坦桑尼亚（年产50吨）。

布基纳法索（年产50吨）。

● 钢铁，非洲的钢铁生产国包括：

南非（650万吨）。

埃及（600万吨）。

利比亚（42万吨）。

● 铂金，非洲的铂金占全球产量的75%，包括相关的钯金属，其中：

南非（占非洲总产量的96%和世界供应量的70%）。

津巴布韦（占世界供应量的7%）。

博茨瓦纳（有两个铂矿）。

加蓬、乌干达、莫桑比克和坦桑尼亚（各有一个铂矿）。

● 铀，非洲占全球总储量的17%。用于核电站和核试验。下列国家为主要铀矿生产国：

纳米比亚（非洲最大生产国，占非洲产量的30%和世界开采量的10%）。

尼日尔（占非洲产量的27%和世界开采量的7%）。

南非（作为黄金和铜矿开采的副产品，年产约400吨铀）。

其他正在进行勘探的国家包括阿尔及利亚、博茨瓦纳、中非共和国、刚果民主共和国、马拉维、马里、毛里求斯、坦桑尼亚、赞比亚和津巴布韦。

在第二章中，我们讨论了非洲增长最快的8个经济体。

下一节的信息卡展示了每个国家的重点投资领域。

科特迪瓦	
人口：2840 万（到 2022 年）	政府支出：38 亿美元
GDP：360 亿美元	银行贷款利率：11.5%
通货膨胀率：1%	企业税率：25%
利率：4.5%	中等收入状态
消费者支出：420 亿美元（到 2020 年为 430 亿美元）	
重点投资领域：石油、天然气、天然橡胶、铜、锰、铁矿石、镍、硅砂、钴、钽、可可、大米、玉米、棕榈油、建筑材料、针对日益壮大的精英阶层的豪华公寓、私立学校、废物管理、太阳能、三星级和五星级旅游和商务酒店。	

埃塞俄比亚	
人口：1.02 亿（到 2022 年）	政府支出：109.5 亿美元
GDP：723 亿美元	银行贷款利率：11.5%
通货膨胀率：6.9%	企业税率：30%
利率：5%	重债穷国状态
消费者支出：420 亿美元（到 2020 年为 430 亿美元）	
重点投资领域：咖啡、油籽、糖、蔬菜、花卉、水果、谷物、植树造林、畜牧业、交通基础设施、太阳能、信息与通信技术（ICT）服务业。	

加纳	
人口：3200 万（到 2022 年）	政府支出：86 亿美元
GDP：535 亿美元	银行贷款利率：17%（高至 25.5%）
通货膨胀率：9.8%	企业税率：25%
利率：13.4%	中等收入状态

消费者支出：150 亿美元（到 2020 年为 290 亿美元）

重点投资领域：黄金、石油、可可、木材、铝土矿、能源、采石、零售贸易、农业、金融和其他服务，以及住宅和写字楼、购物中心、道路和酒店的建设。

肯尼亚

人口：5350 万（到 2022 年）	政府支出：1740 万美元
GDP：705 亿美元	银行贷款利率：18.1%（低至 16%）
通货膨胀率：6.34%	企业税率：30%
利率：10%	中等收入状态

消费者支出：263 亿美元（到 2020 年为 370 亿美元）。

重点投资领域：旅游业、服务部门、茶叶、咖啡、腰果、面粉、棉花、除虫菊、剑麻、纺织、水泥、塑料、家具、电池、炼油厂。

莫桑比克

人口：3300 万（到 2022 年）	政府支出：140 万美元
GDP：110 亿美元	银行贷款利率：21.36%（低至 16%）
通货膨胀率：24.9%	企业税率：32%
利率：17.25%	重债穷国状态

消费者支出：420 万美元。

重点投资领域：铝、煤、铝土矿、膨润土、宝石、花岗岩、大理石、对虾出口、糖、茶叶、腰果、椰子干。

塞内加尔

人口：1880 万（到 2022 年）	政府支出：40 亿美元
GDP：150 亿美元	银行贷款利率：8.55%（高至 14.3%）
通货膨胀率：1.3%	企业税率：30%
利率：3.5%	重债穷国状态

消费者支出：105 亿美元（到 2020 年为 160 亿美元）

重点投资领域：铁矿石（未开发）、旅游业、花生、渔业、磷酸盐、基础设施建设。

坦桑尼亚

人口：6800 万（到 2022 年）	政府支出：76.8 亿美元
GDP：474 亿美元	银行贷款利率：13.88%（高至 15.2%）
通货膨胀率：4.5%	企业税率：30%
利率：12%	重债穷国状态
消费者支出：280 亿美元	

重点投资领域：黄金、坦桑石、钻石、铁、旅游业（特别是野生动物和乞力马扎罗山）、咖啡、腰果、糖、啤酒、盐、棉花。

乌干达

人口：43700 万（到 2022 年）	政府支出：14 亿美元
GDP：255.3 亿美元	银行贷款利率：24%（高至 26%）
通货膨胀率：5.8%	企业税率：30%
利率：9.5%	低收入状态
消费者支出：19.5 亿美元	

重点投资领域：石油、黄金、铁、铜、钴、铂、石灰石、运输卡车和停车场、房地产、大理石、旅游业、信息与通信技术（包括电缆和配件）、乳制品、咖啡、盐、技校和私立寄宿学校。

结论

与种种误解相反，不可否认的是，非洲已经为强劲的多元化、工业化和经济增长做好了准备。非洲大陆为投资提供了各种机会和竞争优势。最重要的是，非洲各国政府和私营部门需要相互合作，并与非洲大陆及该地区以外的国家合作，以确保包容性增长。非洲拥有足够多的独特机遇来吸引可行的战略性投资，尽管存在各种间歇性风险，该区域的经济将在未来几年进入上升轨道。为了充分从快速增长中受益，外国投资者和企业需要长期投资框架，以应对频繁的短期干扰。这突显了亲临非洲市场以监测进展的重要性。

中国似乎将继续非洲地区头号就业创造者的地位，而面对英国脱欧和美国时任总统唐纳德·特朗普政府的政策调整，投资可能存在不确定性。然而，加速经济多样化将为非洲抵御外部经济、金融动荡与压力提供缓冲。尼日利亚的情况就是如此，由于试图实现本国经济多元化，该国正在走出衰退。南非是非洲最大的经济体之一，拥有世界一流的基础设施，为投资者提供了有利的商业环境，可以作为向非洲大陆其他地区扩张的中心。凭借先进的制造设施、技术以及来自其国际化人口的丰富非洲文化和遗产，南非使投资者能够两头受益、两全其美。

长期以来，非洲地区的经济增长一直与石油等商品的价格挂钩，但随着年轻中产阶级日益壮大，渴望商品和服务的人口推动新兴部门的发展，这种情况正在发生变化。这导致投资者将重新考虑他们的战略，将顾客关怀中心和商业咨询等服务纳入其中，以促进初创企业的发展。就非洲的数字服务投资而言，投资者应该将移动货币和电子钱包视为非洲银行业的未来，特别是用于非正规贸易的交易。媒体和娱乐，如非洲电影、音乐和戏剧，也是有利可图的部门。房地产、农产品加工和安装了信息娱乐设施的创新交通是为年轻且不断壮大的中产阶级服务的热门投资项目。投资者有机会充分利用非洲大陆的人口、互联网、社交媒体和移动电话增长的潜力，为包括电信、金融交易和医疗保健在内的教育和服务带来革命性的变化。

对非洲的长期投资将为那些花时间了解市场动态——人民、文化、偏好等——的投资者和企业带来巨大回报。非洲各国政府还在一系列行业的基础设施建设上投入数百万美元，以建立多样化和蓬勃发展的投资组合，并为投资者提供具有竞争力的机会。随着年轻和创新人口的增长，具有品牌意识和购买能力的中产阶级日益壮大，服务和制造部门不断发展，现在正是投资者进入非洲并享受经济繁荣的大好时机。此外，非洲日益成熟的民主制度和持续的人力资本发展正在加强非洲大陆现在以及在可预见的未来作为全球投资目的地的地位。现在不是采取观望态度的时候。正如安博公司（Alexander Forbes）前首席执行官安德鲁·达福尔（Andrew Darfoor）所说："我们经常把非洲说成崛起的雄狮，我认为投资者是时候认真对待这一说法了。"现在是在非洲取得成功的时候了。

致谢

我要向所有为使非洲成为一个有竞争力的投资目的地而不懈努力的个人和公司致敬。本书中引用的每一项研究,都是对你们为使非洲成为世界上的一股新兴经济力量所做的持续贡献的感谢。

我也不能不提及每天搭载投资者和企业前往非洲和往来于非洲各地的所有航空公司。你们证明了自己坚定不移的奉献精神。今天,许多非洲人的生活正在改善:家庭有能力供孩子们完成学业,医疗设施得到改进,年轻人的未来似乎更加光明——这一切都要归功于你们对非洲的投资。

此外,我要对非洲联盟、非洲各国政府和非洲大陆全境的活动家们在该地区所做的不懈努力表示谢意。我代表非洲感谢投资者对非洲大陆和非洲人民的投资。我们共同建设企业,发展各国经济,改善非洲人民和全世界人民的生活。

我要特别感谢世界各地的1LeadRoot团队,感谢他们在努力为顾客、客户和受益人服务的过程中以及为领导人和组织赋能时表现出的投入和热忱。你们在高管、企业、政府、非政府组织、企业家和机构的成长过程中进行的研究和材料开发极具价值。我还要感谢供职于Becnoble Innovations的平面设计师阿多夫·贝克森（Adofo Beckson）给我提供了本书中的一些插图。

我要感谢我的导师、家人、朋友以及这些年来帮助塑造我的每一个人。

最重要的是，我要感谢造物主赐予我撰写这本书所需的力量和智慧。

最后，我要将本书献给我亲爱的妻子兼支持者朱丽叶·奥蓬-阿莫阿科（Juliet Oppong-Amoako）。感谢你在我牺牲与家人共处的时间时给予我的所有支持。

温弗雷德于约翰内斯堡